JN418150

이일훈 희곡집

삶을 춤춰라

이일훈 희곡집

삶을 춤춰라

연극과인간

책머리에

할 말이 없다. 나 자신에게.
평생 문학을 한다고 했는데 생생지심에 첫 책이라니……

더 기가 막힌 건 유일하게 1967년 이진순(李眞淳) 선생님 연출로 명동예술극장에서 상연한 〈양반의 코〉는 원고도 대본도 가지고 있지 않아 싣지 못하는 점이다.

1963년 여름방학, 고향 청주의 한 서점에서 만난 〈전후세계문학전집〉(신구문화사 간) 희곡편에 반한 것이 나의 희곡을 하게 된 동기였다. 그 전에 시를 꽤 잘 쓴다는 지점에 이르러 있었는데 느닷없이 희곡을 하겠다고 교사를 그만두고 상경하여 대학을 다녔다.

연극을 하지 않은 것, 못 한 것이 아무리 희곡집을 많이 읽고 연극을 관람해도 나의 희곡이 나아지지 않는 원인이었다.

1966년 〈演劇〉지에 발표했던 〈우아한 글라디올러스〉가 대학 연극과 학생들의 실습 작품으로 쓰인다는 전언을 들은 외에 나의 작품들은 읽는 문학으로서의 희곡으로만 있는 셈이라 부끄럽다.

진작 포기할 수도 있었는데 달리 사는 방법을 몰라 포기하지 않고 여기까지 온 의지를 폄하하고 싶지는 않다. 그래도 문학이 있어 살았으니 책과 함께한 생이 아주 헛된 것은 아니었다고.

나에게 아무도 쳐 주지 않는 격려의 박수를 쳐 주고 싶다.

가톨릭 신자가 된 지 50여 년, '글로써 주님의 복음을 전하리라.'는 약속을 잊지 않았지만 실천이 미미해 주님께 죄송하다.

여중 3학년 땐가.
막연히 '사람들의 영혼을 따뜻하게 보듬어 주는 사람이 되고 싶다.'는 생각을 했다. 하느님을 믿지 않을 때였는데 그 '영혼을 따뜻하게'가 나의 으뜸 명제가 되었다.
'영혼'에 대한 관심은 갈수록 깊어져 '영혼' '영원'을 살리는 작품을 써서 단 한 사람의 영혼이라도 깨끗하게 유지하며 기쁘게 살 수 있게 하고 싶다는 열망이 나를 채찍질했다.

나는 책을 읽으며 고마워한 작가가 참 많은데 내 책을 읽으며 고마워할 독자가 몇이나 될까?

창밖의 나의 훈향산(薰香山). 종일 나와 더불어 살아주는 숲, 나무들이 부르는 생명의 찬가 — 성령 — 에 힘입어 남은 시간, 하느님의 사랑에 보답하는 작품을 쓰는 가톨릭 작가가 되고 싶다.

맏딸이 작가가 되는 것을 못 보고 가신 부모님께 이 책을 바칩니다.
더디게 진전하는 엄마를 위해 늘 도움을 준 로사와 아가다에게 감사함을 전한다.

2024년 9월 찬란한 광명이 내리던 날

李 日 勳 (아네스)

이 책에 실린 작품

우아한 글라디올러스

등장인물

진영(54세) 차주
오 여사(54세) 그의 부인
상국(24세) 장남
상숙(22세) 장녀
상무(20세) 차남

때

현대

곳

어느 지방도시

무대

진영가의 거실. 방 자체는 고급 주택의 일실다우나 가구는 많이 있던 자리가 비어 허전하다. 소파, 안락의자 몇 개, 다탁이 있을 뿐이다. 잘살던 처지에 갑작스러운 사고로 가혹한 시련에서 헤어나지 못하는 애처로운 분위기가 지배적이다. 창은 보통 방보다 많은 편이고 커튼이 드리워 있다. 좌우로 부부의 방과 자녀들의 방으로 통하는 도어가 있다. 출입구는 자녀들의 방 도어로 같이 쓰인다.

때는 윤삼월의 어느 토요일 저녁, 〈즐거운 우리 집〉의 음악과 함께 막이 오른다. 힘에 겨운 살림에 고운 태가 많이 가셨으나 아직 미인 축에 드는 오 여사, 허름한 스웨터 차림으로 양말을 깁고 있다. 티셔츠 바람인 상국과 상무는 소파에 앉아 각각 신문을 읽고 있다. 상국, 갑자기 생각난 듯이 일어나 구석에 밀어 두었던 시든 꽃이 꽂힌 화병을 다탁 위에 가져다 놓는다. 이어 창 옆 의자를 훨씬 뒤쪽으로 옮겨 놓는다. 상국은 어머니를 닮아 중키의 여자같이 예쁘장한 청년인데 비해 상무는 약간 가무잡잡하고 평범하나 인물이 빠지는 편은 아니다.

상무 형은 웬 수선이야?

상국 넌 토요일을 잊었니?

상무 (시큰둥하게) 엿새만큼 돌아오는 반공일이지. 생활을 즐길 여유가 없는 가난뱅이에겐 지긋지긋하기 짝이 없는.

상국 오십 회가 넘은 토요가족극이 중단되구 있는 사실을 잊었느냔 말야.

상무 날꿈 꾸지 말아요. 우리가 행복하다는 것을 확증하기 위해서 우린 연극을 했던 거야.

상국 (협조를 구하는 양으로) 우리 집이 다른 집들과 다르게 사는 유일한 방법이었지 않니. 막을 영 내려서는 안 돼.

오 여사 올릴 수 있는 날이 있겠지.

상무 (어머니를 연민과 조소의 눈으로 응시하며) 양말을 깁고 있는 어머니에게서 시가 나올까? 자장가 같은 포근한 이야기가.

오 여사 (일거리를 놓고 웃음 지으며) 그럼 막을 올려 보려무나. 나도 그동안 비장했던 이야기 주머니를 풀어 볼 테니.

상국 (반기어) 어머니, 그럽시다. 오랜만에 우리 가족극 상연 부활이다. 상무야, 넌 우리 집의 귀여운 막둥이지. 팔짱을 풀구 한 번 웃어 봐.

오 여사 그래, 나도 양말 보퉁이를 치우고 오마. (좌측으로 퇴장)

상무 (팔짱을 단단히 끼며) 이렇게 을씨년스러운 무대에서 무얼 하겠다는 거야? 각본도 없잖아.

상국 언제는 각본이 있어서 했나? 다 즉흥극이었지. 우린 곧잘 왕자와 거지 놀이를 해서 부모님을 웃겨 드렸지. 오늘은 남의 이야기가 아닌 우리들 이야기를 펼쳐 보자. 〈어머니의 미소〉 어떠니. 어머니는 불평 한 마디 없이 이 난관을 극복하고 계시니까.

상무 애초에 화락하고 즐거운 우리 집 생활을 재현하자는 게 목적이었는데 지금 우리에게 그런 생활이 있어?

상국 즐거운 생활은 없지만 즐거워하려고 하는 의지는 있지 않니?

오 여사 나온다. 산뜻하게 새로 꾸민 옥색 겹치마 저고리를 갈아입고 머리 손질도 새로 했다.

상국 (어머니의 손을 이끌어 가운데 안락의자에 앉히며) 가만히 앉아 계세요.

오 여사 편한 자리는 너희들이 앉아야지.

상무 (외면하며) 난 가면을 쓰고 즐거운 척하긴 싫어요. 차라리 모든 고난의 안개가 걷힐 때까지 나는 하루하루가 천근같은 윤삼월의 긴긴 해를 배고픔을 참노라 이를 앙다무는 벙어리가 되겠어. (출입구로 곧장 걸어간다)

오 여사 어두운데 어딜 가니?

상무 단란한 저녁시간을 구가한 건 옛날이에요. 식은 죽밖에 먹은 게 없는데 무슨 연극을 해요.

오 여사 미안하다. 긴긴 해에 죽을 먹여서.

상무 재산세, 소득세, 무슨 세, 독촉장이나 잊지 마세요. 마지막 통고를 듣지 않으면 차압이라니까. (퇴장)

상국 자식은 괜히 부어 가지구.

오 여사 한창 뒷밥을 먹을 땐데 안 그렇겠니, 게다 운동까지 하구.

상국 운동은 제가 좋아서 하는 거니까 괜찮아요.

오 여사 언젠가 아버지가 산타 할아버지로 분장하셨을 때 생각나니?

상국 재작년 크리스마스이브였죠. 아버진 우리가 좋아할 물건을 모두 자루에 넣어 가지구 오셨더랬어요.

오 여사 상무는 이상한 방울을 얻어 가지구 삼십 분이나 우릴 웃겼지.

상국 참새 방귀 뀌는 소리가 제일 묘했어요.

오 여사 욕심두 많더니. 제가 들어서 아는 소리는 모조리 소리 나라 방울아 하고 흔들었지.

상국 식구가 반두 안 모였는데 어슬렁거리구 나갈 게 뭐람. (상숙의 방에 대고) 상숙아.

오 여사 언제 돌아왔니?

상국 여덟 시가 넘었는데 안 와요? 하루 두 시간씩이잖아요.

오 여사 두 시간 가지곤 안 된다더라. 아이가 한눈만 팔아서 열 번을 가르쳐두 캄캄이래. 아이 어머닌 성적이 오르질 않는다구 성화라니. 그만 두래두 자꾸 가는구나.

상국 (추연해서) 그거라두 하는 게 낫지. 전 그것두 못 해서 염치없어요.

오 여사 너야 이제 대학두 졸업했겠다 곧 취직을 할 게 아니냐.

상국 오라는 데가 있어야죠.

오 여사 뚫어 봐야지, 어디라두.

상국 벽이 너무 견고해요. 어머니.

오 여사 희망을 가져야지. 너 왜 지난겨울에 종강하구 와서 나보구 누구든 자기가 목적하는 바를 중단하지 않고 정진해 가기만 하면 성공할 날이 오기 마련이라는 어느 교수님 말이 진리라고 감격해 하지 않았니?

상국 그야 그렇죠. 괜히 우울한 이야길 하는군요. 단 한 시간이라두 자질구레한 걱정은 잊기루 해요. 어머니.

오 여사 그래. 나는 이거 뭐 비인 무대에 앉아 대사를 잊은 늙은 카나리아가 되었구나. 네가 어디 아가씨 친구라두 하나 데불구 와야지.

상국 가만히 계세요 어머니. 곧 옵니다.

상숙 등장. 유행이 아닌 플레어스커트에 플란넬 블라우스를 걸쳤지만 한눈에 빼어난 아름다움을 지닌 지성적인 아가씨다. 아르바이트에서 돌아오는 길로 피로한 빛을 감추지 못한다. 긴 머리는 그대로 빗어 넘겨 치렁거린다.

상국 (정중히 목례하며) 오, 아가씨, 마중 나가지 못한 점을 널리……

상숙 오빤 기사도 연습하는 거유?

오 여사 암, 연습해 해로울 건 없지. 너 배고팠겠구나.

상숙 이젠 하루 한 끼만 먹고 살기로 했어요.

오 여사 저녁은 죽이라 안 먹겠단 말이지? 너만이라두 밥을 먹여야 하는 건데……

상숙 (어머니 옆에 다가앉으며 담담하게) 엄마, 미안해하실 거 없어요. 딸한테 뭐야, 안 먹으려면 그만두라구 호령이나 하시지.

상국 넌 우리 집 공주니까 엄마는 꿈쩍두 못 하시는 거야.

상숙 내가 공주면 엄마는 왕비예요.

오 여사 왕비는 너무 과만하다. 유모라구 해두자. 콩나물이랑 햇나물 넣구 맛있게 끓였는데 한 그릇만 먹어 봐라. (주방으로 가려 한다)

상숙 (어머니를 말리며) 생각 없어요. 엄마, 앉으세요. 옥색 치마저고리를 입으시니까 새댁같이 고와. 그런데 흰 머리가 왜 이리 많아? 내가 나빠요. 머리 물감을 들여 드려야 하는 걸. 엄마가 환갑노인처럼 머리가 희시다니……

오 여사 애두, 더 늙으면 못 입을까 봐 한 번 입어 봤다. 주책이지?

상숙 엄만 정말 아름다우세요. 나만 했을 땐 굉장한 미인이셨을 거야. 나 좀 봐. 엄마를 질투하고 있네.

상국 잠깐만 정면을 보고 있어. (관객석을 향해서) 어머니와 따님 누가 더 미인입니까? 저 봐요. 저 봐. 반반 똑같습니다. 두 분 다 미인이십니다.

상숙 아이, 얼렁뚱땅 결정짓지 말아요. (하품을 한다)

오 여사 고단할 테지. 졸리면 가서 자거라.

상숙 잠이 와요? 잠이 많은 자는 복이 있나니 천국이 저의 것이요 라더니 난 복이 모두 달아나려니까 잠복까지 달아났나 봐요.

상국 아가씨 공상이야 뻔하지. 잘난 신랑 만날 생각, 이쁜 아기 낳을 생각.

상숙 망칙해라. 자기가 이쁜 각시 얻어 올 생각만 하니까 그런 소릴 하는 거야. 난 아무 생각두 안 해요. 초조하고 불안한들 문제가 잘 해결되는 건 아니니까 마음을 비우려 애쓰는데두 자꾸 강물처럼 일렁이는 검은 그림자가……

오 여사 헛게 보이는 게로구나. 한창 먹을 때에 먹는 게 너무 부실해서.

상숙 먹는 얘긴 않기루 했는데 엄마, 이 탁자 위에 과일 접시가 없어진 지도 오래구 커피포트와 찻잔이 찬장에 좌정한 지 오래예요. 간식을 잊은 지두.

상국 먹는 얘기만 독판 하는구나.

상숙 우리두 배급 타 와요. 동사무소마다 늘어섰든데. 밀가루랑 쌀이랑 많이 쌓아 놓구.

오 여사 우린 극빈자 명부에 안 올라 있어요.

상숙 우리가 지금두 부자유? 차주 간판 하나 가짐 만사휴인 줄 아나?

상국 상숙아, 넌 우아한 글라디올러스였지.

상숙 난 꽃다운 예쁜 마음을 잃어버리구 돌이나 무슨 못생긴 바위가 된 것 같은 걸.

오 여사 애두, 니가 왜 못생긴 바위야?

상국 넌 지금두 우아한 글라디올러스야. 앞으로두 넌 변함없을 걸 믿어 난.

상숙 나를 그렇게 보는 시선들이 미워. 차라리 아무도 와서 거들떠보지 않는 그런 존재로 여겨 줬으면 좋겠어.

상국 아까 기홍이가 널 만나구 싶다든데 만났구나.

오 여사 네 고등학교 친구 말이냐?

상국 (씽긋 웃으며) 엄마는 소식 캄캄이시네요. 제 친구가 아니라 매부감이에요.

상숙 매부 좋아하셔.

상국 나한테두 전에 없이 친절하더라. 어쩌다 우연히 만나면 고급 레스토랑에 가서 밥두 사구 그래. 다 속셈이 있어서겠지?

상숙 자기 집은 아직 번창일로란 걸 과시하려는 수작이지 뭐야. 학교로 찾아와서 내가 뭐 예스라고만 하면 당장 투피스를 몇 벌 맞춰 주겠대. 나도 벗지 않고 입을 옷은 있다니까 유행은 시간을 다툰다나.

오 여사 내 눈이 이렇게 어두워서 우리 공주님 희소식을 몰라 봤군. 사람이 똑똑하긴 하지 않디? 우리 집에두 놀러오구 했지 왜.

상숙 전화를 떼어서 제일 곤란한 게 자기래. 있는 유세야 뭐야.

상국 그래두 넌 봄을 맞은 네 마음을 드러낼 봄 투피스가 입고 싶겠지?

상숙 그런 허영 버린 지 오래야. 남들 이목만 아니면 난 일년 내내 검은 옷 한 가지로 지낼지도 몰라.

상국 스물두 살짜리 여대생이 영 늙었구나. 시집은 다 갔는데.

상숙 오빠두, 속물스런 농담은 집어 치우구 돈 좀 벌어요. 노동은 왜 못해? 등짐은 못 질게 뭐야? 난 무슨 일이든 일을 해야 된다고 생각해.

상국 남들 이목만 아니라면이란 단서가 붙겠지.

상숙 이목이 원수야. 이미 거덜이 났는데두 난 버스를 다섯 대나 가진 차주의 딸이기 때문에 부자라는 위장을 벗지 못해요.

오 여사 차가 팔리기만 하면 힘이 좀 펼 거다.

상숙 팔지 않고 어떻게 갚아야지요.

오 여사 곧 어떻게 되겠지. 설마 아버지가 아주 복구야 못 하시겠니?

상숙 그건 자신해요. 아버진 꼭 일어서실 거야. 근데 왜 매일 밤중이실까? (자기 방으로 가려다) 저 꽃은 왜 갖다 놨지?

오 여사 네 오빠가 가족극의 막을 연다구.

상숙 옳아, 그래요. 오늘이 토요일이야. (꽃 가까이 코를 대고 벌름거리며) 행복했던 시절의 꽃, 네 어여쁘던 모습이 시들고 향기가 날아갔듯이 우리 거실의 기쁨도 사라져 버렸구나. 그렇지만 너는 피었다 시든 꽃, 우리는 날마다 기쁨을 향해 큰 숨을 쉬는 오래 피는 꽃송이들.

상국 멋진 시야.

상무 등장. 약간 술에 취해 있다.

상무 연극은 끝났나요?

상국 (엄하게) 상무야.

상무 이까짓 꽃. (시든 꽃을 뽑아 되는 대로 팽개친다)

상숙 시든 것만두 불쌍한데…… (꽃을 집어서 다시 꽂아 놓고 자기 방으로 들어가며) 나 옷 갈아입어요. 잠깐 실례.

상무 빅뉴스를 모르고 있군.

상국 세상 돌아가는 일을 너만큼도 모르는 사람이 우리 집엔 없지. 너무 알아 탈이지.

상무 안다구? 알면 이렇게들 태연하실까?

상국 쓸데없이 학생이 술을 먹고 뭐냐?

상무 아니꼬와서 안 마셨어. 그냥 취했지. 기분에 취했을 뿐이야.

상국 가서 세수하구 네 방으로 가. 한 대 갈기기 전에.

상무 (오만하게 꺼덕거리며) 팔린 걸 몰라?

상국 뭐가?

상무 팔렸단 말이에요.

오 여사 (복잡한 감정에) 우리 차가?

상국 얼마에?

상무 적당한 가격에죠.

상국 밑지진 않았겠지.

상무 두 대가 최고 가격에 팔렸다면? (말을 꾸미는 것을 엄폐하려 정색을 하며) 그 돈으로 빚 갚고 나머지 세 대만 잘 굴리면 돼. 어머니, 우리도 이젠 살게 된 거예요.

오 여사 아버진 그래 이리 늦으시는구나.

상무 이제 식은 죽은 안 먹어도 돼요. 우리 가족극두 하게 되구. 어머니, 기쁘지 않으세요?

오 여사 일이 잘만 펀다면 기쁘구 말구.

상무 뒤늦은 훈풍이 불어 온 거죠. 그렇죠? 모두 봄옷을 갈아입고 새 인사를 나눕시다. 제일 미인이신 우리 어머니부터.

오 여사 너두 거기 앉아라. 미인은 엄마가 아니구 누나란다.

상무 누나, 나와요. 우리 어머니 겸양지덕에 우리 누나가 미스 자동차집으로 뽑혔습니다. 미스 자동차집께서는 나와서 인사를 하십시오.

상숙 (연분홍 실내의로 갈아입고 사뿐히 나온다) 숙녀에게 지나친 농담을 하는 신사는 신사 자격을 인정할 수 없음. (한가운데 의자에 앉는다)

상무 그렇습니까? 다 큰 처자야. 나는 신사가 아니라두 좋습니다. 하녀를 불러 차를 준비하도록 상냥한 지시를!

상숙 하녀가 나간 지 일 년이 넘어요.

상무 그럼 차는 누가?

상숙 생략입니다.

상무 (상숙의 옆 의자에 앉는다) 나도 앉아서 기다리겠어. 다들 무얼 기다리는지. 하하하. 이러고 보면 나도 배우 될 소질을 보통 타고난 게 아니야.

상숙 너 혹시 우리를 속이는 거 아냐?

상무 천만에.

오 여사 내가 아버지 오실 때까지 기다릴 테니 너희들은 가서 자거라.

상국 아직 초저녁인 걸요.

오 여사 (걱정스러운 듯) 책들을 읽어야지. 요새 너희들은 노는 게 위주더라. 왜 공부를 하지 않는지 모르겠어. 곧 등록만 하면 될 텐데 공부를 해라.

상무 하지요.

오 여사 너희들이 공부를 잘해서 장학금을 타 아버지를 도와 드리면 아버지도 기운이 나실 게다.

상무 잘할 거예요. 걱정 마세요. 걱정일랑 마시구 단꿈 꾸게 자장가 좀 불러 주세요.

오 여사 다 큰 아이가.

상무 큰 아이니까 자장가가 그리운 거예요. 어머니, 한 번만.

상숙 엄마가 작사 하신 거 있잖아요.

오 여사 흉보지 마라. (자장가를 부른다. 곡은 모차르트의 〈자장가〉이나 가사는 다른 것이다)

잘 자라 내 아가야
사랑과 믿음 모은
내 아가 잘 자거라
온 누리 편한 숨결
널 보며 꾸는 꿈으로
큰 기쁨 작은 행복이
어울려 피고 지는
이 밤을 평안하게 평안하게

노래가 끝나자 상숙, 열렬히 박수를 친다. 모두 꿈길을 가는 듯한 조용한 황홀에 젖고 있는데 자동차 경적 소리 들린다.

오 여사 우리 집에 차가 오니?

상무 아버지가 오시는 거예요. 기세 좋게 차를 타시구.

오 여사, 상국, 상숙, 진영을 맞으러 나간다.

상무 아버지가 택시를 잡아 타구 오셨다. 영 파산하시는 건 아니지. 빚이 빚에 꼬리를 물고 이자가 본전의 새끼를 쳐도 우리 아버지는 일어서신다.

잠시 사이

네 사람 들어온다. 진영은 몹시 지쳐 식은땀을 흘리고 있다.

진영 모두들 자지 않구.

상숙 아직 이른 걸요.

진영 가서들 자거라.

상숙 피곤하신 아버지 먼저 주무세요.

진영 (의자에 앉으며 바깥에 귀를 기울이고) 밖에 누구 안 왔니?

상구 아니요.

진영 올 거다.

상국 누구 말예요?

진영 손님들.

오 여사 이 밤에 어쩐 손님이?

진영 오기 쉬워. 올 거야.

상국 (불길한 예감을 애써 누르며) 대문은 단단히 잠궜습니다. 아버지, 주무세요.

진영 너희들이나 어서 가 자거라.

상국 무슨 일입니까? 아버지.

진영 아무 일두 아니다.

상국 아버지 혼자만 답답한 속을 썩이시면 어떻게 해요, 말씀하세요.

진영 너희들도 알고 있을 게다. 어떤 샘물 맛좋은 마을에 삼대독자 아이가 살았었지. 고등학교를 나오고 군청 서기로 좀 다니다 돈이 벌고 싶어 세전 전답을 팔아 사업을 시작했다. 잘 되더라. 고향에만 가면 돈 많이 번 아무개루 뜨르르하도록. 환갑 나이까지는 한결같이 잘 벌구 잘 쓸 자신이 있었는데, 누가 길흉화복에 지배되는 인생을 구르는 수레바퀴 같은 것이라구 했는지 복이 딩구는 차바퀴에 휘감겼다. 차가 고분터에서 딩굴구 숱한 사상자가 났다. 그 비명, 아우성……

상국 그 아픈 기억을 잊을 수는 없지만, 아버지는 책임을 회피하지 않으셨어요.

진영 죽은 사람 위자료에 눈 깜빡할 사이에 불구가 된 사람들의 치료비, 앞으로 몇 십 년이고 그들이 성한 사람으로 벌 수 있는 만큼의 돈, 돈이 얼만큼 있어야 그들을 방차할 수 있겠니?

오 여사 이제 끝났지 않아요? 우리가 가진 것을 다 털어서 할 만큼 했어요.

진영 내가 시켜서 사고가 난 것처럼 그 사람들의 원한은 식을 줄을 모르는구나.

상국 우리 생활비마저 안 남기구 다 주었는데……

상숙 아버지가 너무 마음이 좋으시니까 자꾸 더 달라는 거예요.

진영 더 보상받고 싶은 욕망에야 한이 있겠니? 나 물 좀.

상숙, 냉수를 가져다 아버지에게 드린다.

진영 (냉수를 벌떡벌떡 마시고) 가서들 자거라.

상숙 피곤하신 아빠가 주무셔야죠.

진영 난 너희 엄마에게 할 얘기가 있다.

상국 우리들이 있으면 방해가 되나요?

진영 그런 건 아니지만……

상국 그럼 저희들도 듣겠습니다.

진영 (천천히) 너희들과 너희 어머니는 항상 내 생활의 중심이었지.

상숙 아버지는 저희들의.

진영 이제 우리의 불행은 그치게 해달라고 너희 어머니는 기도한댔다.

상숙 저두요. (진지하게 기도하듯) 하느님. 저희에게 일용할 양식을 주셔서 감사하옵니다. 온 세계에 굶주림이 없게 하여 주시옵소서. 그리고 저희 가정의 부모님의 크신 사랑과 사업이 재기할 수 있도록 은총 주시옵소서.

진영 누구의 잘못이겠니?

상국 뭐가요? 아버지.

진영 굴렀어.

모두 네?

진영 (침통하게) 또 굴렀단 말이다.

오 여사 (질리며) 여보, 또 굴렀다니, 그게 무슨 말씀이세요?

진영 아직 세상물정을 모르는 너희들에게 실의만을 안겨 주어 염치가 없구나.

상국 차가 팔렸다면서요.

진영 누가 그러디. 반값에 내놓아도 누가 사니? 이 근래에 드문 불경기에 누가 차를 사?

상국 (상무를 노려보며) 넌 우리에게 거짓말을?

상무 (풀이 죽어) 잠시라도 희망을 가져보게 하고 싶었어.

상국 이게 희망을 안겨 준 거냐?

상무 날 때려 줘요.

상국 넌 우릴 우롱한 거야.

오 여사 그만 둬라. 그래 우리가 잠시라도 안도의 숨을 쉬지 않았니.

상국 자식은 그런 짓밖에 못 해.

상무 형은 뭘 할 줄 아는데?

상국 최소한 너같이 없는 사실을 지어내진 않아.

상숙 그만 해요. 오빠. 그것두 큰맘 먹구 궁리한 걸.

진영 조용히들 해라. 내일 새벽부터 문전이 닳게 아우성의 무리들이 몰려올 텐데…… (고뇌에 빠져 고개를 들지 못한다)

상숙 진정하세요. 아버지.

진영 불끈 일어선다는 게 도루 넘어지다니.

상숙 아직 고생이 남았나 봐요. 그렇지만 우리는 다 살아버린 것이 아니라 살날이 창창하게 남았잖아요.

오 여사 정말 그렇구나. 또 한 번의 고난이 닥칠지라도 잘 견뎌내면 언젠가는 예전처럼 살게 될 날이 오겠지.

진영 차를 다 팔아 버리구 싶어두 안 되는구나. 차 사업한다구 세 사람이나 생명을 잃게 한 것이 너무 마음 아파.

오 여사 실은 오늘 오랜만에 토요 가족극을 할 예정이었어요. 아이들이 자꾸 하자고 해서. 당신이 어느 핸가의 크리스마스이브처럼 선물 꾸러미를 한 아름 사 가지구 들어오시는 것을 그려 보면서 난 아이들이 즐거운 생활이 없다는 투정을 웃음으로 달래고 있었어요.

상숙 큰 선물 꾸러미를 어깨에 메고 오신 아버지는 멋이 있었죠.

상무 (계면쩍어 하며) 선물을 받는 누나는 애교 덩어리였지.

진영 언젠가의 선물 꾸러미를 가져온 애비냐. 내가?

오 여사 언젠가는 또 그러한 아버지가 되실 거 아녜요?

진영 언젠가는의 그 언제가 너무나 먼 거리로 달아나 버린 것 같소.

상숙 아버지, 그렇지 않아요. 제 이름 안 잊으셨죠?

진영 네 이름? 상숙이 아니냐.

상숙 토요일 저녁에 정겨운 음성으로 불러 주신 이름이요.

진영 아, 네 오라비가 붙여준 이름 말이지? 뭐더라? 무슨 꽃 이름, 아주 귀부인 같으면서 정숙해 보이는, 그 우아한 글라디올러스다!

상무 엄마는 뭐죠?

상숙 미소의 샘.

오 여사 상국이 넌?

상숙 오빠는 착한 기둥이에요.

상국 상무는?

상무 난 과분하게도 만능 히어로.

오 여사 애들아, 아버지는?

상국, 상숙, 상무 (동시에) 행복한 머슴.

진영 너희들을 위해 난 기꺼이 머슴이 되고자 했지. 너희들에게 즐거운 생활이 있었니?

상숙 그럼요, 아버지. 이렇게 웃으면 즐거운 걸요. (독특하게 화사하고 밝은 웃음을 길게 웃는다)

진영 (벌떡 일어서서 상숙의 손을 잡으며) 고맙다. 내일 아니 이 밤중에 죽은 사람 살려내라는 이들이 몰려와 나를 떠메어 가더라도 나는 너희들과 함께 절망하지 않는 행복한 머슴이다.

상숙 행복한 머슴과 미소의 샘 (아버지와 어머니의 손을 잡게 하고) 착한 기둥과 만능 히어로 옆에 우아한 글라디올러스! 우리의 영원한 이름을 되새겨 보니까 새 정신이 나네요. (오빠와 동생의 손을 잡는다)

상국 우리는 언제나 즐거워하려는 의지를 버리지 않고 이 집 안에 화기가 돌게 하자. 우아한 글라디올러스야.

상숙 그래요. 자, 나는 행복합니다.

모두 나는 행복합니다.

–막

금상金像을 만들라고?

등장인물

강빈(50세) 조각가
강현(60세) 강빈의 형, 독농가
선미(50세) 강빈의 아내
찬식(54세) 미술품 중개인
은정(33세) 한얼일보 문화부 기자

때
현대

곳
상리조각공원

무대
상리조각공원 안에 있는 강빈의 아틀리에. 꽤 넓은 공간이다. 크고 작은 대리석과 화강암, 청동 두상과 반신상, 전신상이 여기저기 놓여 있다.
한쪽 벽에 예술 관련 서적들이 가득 꽂혀 있는 서가가 있고, 그 앞에 테이블, 오디오 세트, 몇 개의 의자, 조각 도구와 재료들이 정연하게 놓여 있다.
우거진 나무들에 둘러싸인 조각품들이 사이좋게 살고 있다는 느낌을 주는 정원이 통유리창 너머로 환히 보인다.
왼쪽 문은 조각공원과 별채 살림집으로 통하고, 오른쪽 문은 외부로 통한다.

막이 오르면

청량한 한여름 아침나절. 일찍부터 울기 시작한 매미들의 합창과 주인이 일을 시작하는 신호로 틀어 놓은 베토벤 피아노협주곡 5번 〈황제〉가 조각들과 친화를 이루며 흐르고 있다.
강빈, 점토 작업 중이다. 선미는 청소를 마무리하고 있다. 강현, 왼쪽 문으로 들어와 강빈의 옆으로 다가가 머뭇거리다가 이윽고 입을 연다.

강현 어떻게 좀 안 되겠니? 영국이 등록금 낼 마감 날짜가 며칠 안 남았는데.

강빈 형님도 아시잖아요?

강현 뭘 말이냐?

강빈 저란 위인이 조각밖에 모르는 걸요.

강현 넌 성공했어. 고향 강촌 육동에서 떠르르하다. 임강빈 하면 강촌면을 빛낸 인물이라구. 니가 예술가루 대성한 걸 부러워들 해. 너같이 훌륭한 동생을 둔 나는 안 먹어두 배가 부르겠다구들 한다.

선미 아주버님두. 저이는 여느 사람들하구 달라요.

강현 니가 조각공원을 크게 만들었다는 뉴스가 신문에, TV에 나왔잖으냐. 돈을 많이 번 모양이라구, 내가 영국이 등록금 걱정을 하니까 가 보라는 게여.

강빈 (선미에게) 통장에 얼마나 있어? 형님한테 드려요.

선미 지난번 돌 사오느라구 다 써서…… 바깥 펜스 두른 인부 품삯두 밀렸어요.

강현 그렇다면 내가 잘못……

찬식 (소리만) 계십니까?

강현 손님이 오시는구먼. 나는 나가서 잡초나 마저 뽑아야겠다. 조각이 잡초에 묻혀 안 보이겠더라. (왼쪽 문으로 나간다)

찬식, 오른쪽 문으로 들어온다. 가방을 들었다.

찬식 안녕하시오? 조각가 선생.

선미 (빗자루를 한쪽에 세워 놓으며) 어떻게 오셨지요?

찬식 (선미에게 명함을 건네준다) 나 이런 사람입니다.

선미 (명함을 보고) 천지미술관 관리이사시라면?

찬식 작가와 애호가 사이의 다리 역할을 한다고나 할까요. (아틀리에 안을 이리저리 둘러본다)

강빈 (선미에게) 나 냉수 좀 주구려.

선미 네. (왼쪽으로 나간다)

찬식 (강빈에게 가까이 가며) 야! 작업장이 굉장하군요. 자리 잘 잡았습니다. 역시 작업장이 커야 스케일이 큰 작품이 나온다지요? 서울서 거리가 좀 먼 게 흠이지 장소는 최고로 잡았어요. 기대가 큽니다.

강빈, 찬식의 말을 들은 척도 하지 않는다.

찬식 (옷깃을 여미며) 잠깐이면 됩니다. 긴히 상의할 이야기를 가지구 왔는데……

강빈 오전은 내 시간이오. (나가 달라는 손짓을 한다)

찬식 안영진 회장을 알지요?

강빈 회장? 아는 사람 없수다.

찬식 구룡(九龍) 그룹 회장이오.

강빈 그 사람을 알아야 할 의무라도 있단 말이오?

찬식 그분께서 임 화백의 작품에 관심이 많으시오.

강빈 이유가 뭐라던가요?

찬식 실은 내가 그분과 인척지간이라 얼마 전에 한 번 찾아뵈었더니 이것저것 고향 얘기를 하다가 임 화백 얘기가 나왔지 뭡니까.

강빈 아, 살아생전 고향에 송덕비(頌德碑)라도 세워야겠다?

찬식 천만에. 그분은 그런 분이 아니오. 구룡장학회 덕을 봐 출세한 사람들이 수백 명인데 벌써부터 송덕비 건립을 추진하려 했지만 극구 사양하시는 바람에 못하고 있답니다.

강빈 모교에 위인 동상 하나 세우겠다 그거요?

찬식 그건 벌써 해 놓았지요. 이순신 장군상과 유관순 열사상을.

선미, 쟁반에 두 개의 컵을 받쳐 들고 들어온다. 강빈에게 냉수 컵을 건네고 테이블에 주스 컵을 놓는다.

선미 (찬식에게) 앉으세요.

찬식 감사합니다. (의자에 앉아 주스를 단숨에 마신다) 부인께선 그림을 하셨다지요?

선미 어떻게 아세요?

찬식 부부 미술가로 유명한 걸 내가 모를 수야 없지요.

선미 뭘 다 아신다는 건지……

찬식 저 음악 좀 꺼 주시면 안 되겠습니까?

선미 볼륨을 줄이지요. 음악은 살아 있는 가족 같은 거니까. (음악의 볼륨을 줄인다)

찬식 나도 강촌 사람입니다. 어디 가나 동향인으로서 임 화백 자랑을 하지요.

선미 그러세요?

찬식 진즉 한 번 찾아온다는 것이 늦었어요.

선미 무슨 일로 오셨는지요?

찬식 난 오나가나 다리 노릇하길 좋아합니다. 같은 값이면 고향 사람 아닙니까. 안 그러면 왜 특정 지역 사람들이 무슨 장 무슨 장 자리를 죄다 해먹겠어요.

강빈 겨우 꼴사나운 정치판 얘길 떠들러 왔다면 당장 돌아가시오.

찬식 지난번 호비 태풍 왔을 때 안영진 회장께서 고향에 복구비를 거액 쾌척하셨지요.

선미 내년 국회의원 선거에 출마한다는 소문이 자자한 분 말인가요?

찬식 그분은 사욕(私慾)이 없는 분입니다. 객지에 나가 자수성가해서 번 돈을 고향을 위해 아낌없이 쓰는 건데 주위에서 국회에 나가야 한다고 야단들이라지 뭡니까.

강빈 당선은 떼논 당상이라? (허허허 웃는다)

찬식 그분의 간곡한 청입니다.

강빈 아쉬울 것 없는 사람이 나한테 무슨 청을?

찬식 (가방을 연다. 봉투에서 사진 한 장을 조심조심 꺼내어 강빈에게 보이며) 이겁니다.

강빈 이게 누구요?

찬식 유명 인사 중의 유명 인사지요.

강빈 어디서 많이 본 듯하긴 하오만.

찬식 사진은 여기 여러 장 있습니다. (사진이 여러 장 든 큰 봉투를 강빈의 앞 테이블에 놓는다)

강빈 정치가 사진? 흥미 없어요.

찬식 (단도직입적으로) 흉상 하납니다.

강비 흉상?

찬식 흉상이오.

강빈 그 우스꽝스러운 바람이 세긴 세군. 서울서만 부는 줄 알았는데 이 외진 시골까지 불어닥치다니.

찬식 특별히 안 회장님께서 임 화백의 예술가 정신을 좋아하시기 때문에 불원천리 온 거요.

강빈 나도 모르는 나의 예술가 정신이 뭔데?

찬식 독야청청, 늘푸른 소나무의 기상이랄까, 대쪽같이 곧은 기백이랄까.

강빈 그쯤 알면서 나보고 드렁칡이 되라고?

찬식 1억이오.

선미 네? 뭐가요?

찬식 흉상 하나 제작하는 데 1억을 드린다 그겁니다. 보통은 3천에서 5천 하지만, 순금을 입혀서.

강빈 금송아지 대신 순금 흉상을 모셔 놓고 살겠다는 발상(發想), 어느 졸부의 하수인이 했소?

찬식 고차원적인 예술의 생활화 그런 거죠. 100세 시대 트렌드는 무병장수 아닙니까?

선미 노인들이 안 죽어 큰일이라면서 오래 살라는 건 모순이죠.

찬식 무병장수야말로 현대인의 꿈 아닙니까? (과장하여 소리를 높여) 살기 좋아, 돈 많아, 하고 싶은 일 다 해. 가고 싶은 데 다 가, 먹고 싶은 거 다 먹어. 갖고 싶은 거 다 가져. 죽고 싶은 사람이 어디 있겠어요? 천년만년 살고 싶지.

강빈 아흔 살 넘은 노인은 절대 죽고 싶다는 말을 하지 않는다더군. 백 살 채우고 싶어서.

선미 그러구 보니 40년 전에는 어머니께 빨간 내복을 사 드리면 오래 사신다구 너두나두 빨간 엑슬란 내복, 이가 다 빠진 8,90 할머니까지 징그럽게 빨간 내복을 입구 호호거렸구요, 그 다음에는 딸이 어머니 은반지를 사 드려야 좋다구 해서 5천 원짜리 은반지가 3만 원까지 올랐었어요.

강빈 굉장한 발명가들이군 그래.

선미 1억짜리 장수 선물, 상상이 안 돼요.

찬식 (짐짓 너스레를 떤다) 1억뿐이겠습니까? 1억이 열 개, 스무 개도 될 수 있지요.

선미 딸 가진 엄마들 걱정이겠다. 며느리가 시부모 흉상을 해가지구 오면 시부모 무병장수하시라는 뜻이라구, 입이 찢어지게 좋아하게 생겼으니.

찬식 아직은 돈 많은 사람, 퇴직한 고위직 인사가 주 고객이죠. 저택에, 호화 별장 가진 사람들이야 1억이 뭐 하고 싶은 일 못 할 만큼 대단한 돈 아니니까.

강빈 간덩이가 부어두 맷방석 만하게 부은 사람들이네.

찬식 내가 강력히 임 화백을 추천했어요.

강빈 커미션은 얼마나 받소?

찬식 (반기어) 오케이 하는 겁니까?

강빈 그 사업가하구 이 사진의 주인공하구는 어떤 관계요?

찬식 존경하는 정치가와 기업가지요.

강빈 돈은 대대손손 먹고 살고 남을 만큼 벌었겠다, 고향에 인심도 얻어놨겠다, 금배지 한번 달아보고 싶은데 거물에 선을 대 공천을 받아야겠다, 없는 게 없을 테니 무슨 선물을 진상할까 궁리궁리 끝에 무병장수 선물을 하자, (사이) 머리 좋은 걸.

찬식 이건 나와 임 화백이 윈윈할 수 있는 내 기막힌 아이디어요. 칭찬해 줘서 고맙소.

강빈 선대가 벌어 놓은 것을 가지고 정치하는 이들보다 스스로 부를 축적한 사람이 대단하긴 하다?

찬식 (손뼉을 치며) 천재지요. 자수성가한 입지전적 인물입니다. 집안이 찢어지게 가난해서 초등학교 5학년 다니다 말고 맨발로 서울 올라가 동대문시장 포목점 심부름꾼으로 시작해서 이불 가게를 차리고, 방직공장으로 키워서 지금은 자그마치 열네 개 회사를 거느린 그룹의 회장님이 되셨으니.

강빈 기왕이면 그 회장 부인, 아들까지 쪼르르 늘어놓으면 더 근사하겠는 걸.

찬식 이 첫 번째 제작이 잘 되면 그것뿐이겠소?

강빈 그 입지전적 인물 자서전은 출판했답디까?

찬식 곧 책이 나온다고 들었소.

강빈 출판기념회는 어디서 하려나. 그때 그 거물 LK도 왕림하시겠지?

찬식 돈은 아낌없이 쓰려구 버는 거니까 옛날 정승 행차 저리 가라 하게 빽적지근 요란번쩍 모시겠지요.

강빈 LK쯤 되면 벌써 갖다 바친 사람이 있을 텐데 하나면 되지 몇 개씩 있어야 무병장수 플러스 무병장수하는 건 아닐 것 아니오?

찬식 농담이 아니오. 임 화백. 시일이 급해요. LK 먼저 해 드리고 곧 안 회장님 것도 하고 줄줄이 줄줄이.

선미 (혼자 솔깃하여 입을 가리고) 2억이면 돌산 하나 살 수 있어.

찬식 첫 스타트를 잘하면 일이 술술 풀릴 테니 두구 보시오.

선미 저이 귀엔 어디서 부는 바람이냐야. (한숨을 쉰다)

찬식 (강빈에게 한 걸음 다가서며) 본론으로 들어갑시다. 조각이야 본래 인물을 다루는 것 아닙니까?

강빈 나는 내가 좋아하는 인물만 조각하지.

찬식 (크게 놀라는 척하며) 그러면 저기 저 여자들을 다 좋아한단 말입니까? 예술가들 늙지 않는 게 연애 잘해서 그렇다는 얘기가 사실이라 그 말씀입니다 그려.

선미 (정색을 하고) 그 인물을 함부로 운위하지 마세요.

찬식 왜요? 부인께선 이미 질투를 초월하신 겁니까?

잠시 사이, 강현이 왼쪽에서 들어온다.

찬식 (크게 반기어 강현에게 악수를 청하며) 강현 형님 아니십니까?

강현 (찬식을 몰라본다) 뉘신가?

찬식 저 찬식입니다.

강현 찬식이?

찬식 제 백형이 한자 식자십니다.

강현 한식이 동생, 글쎄.

찬식 고향에들 다 무고하시지요?

강현 무고들 하지.

찬식 앉으세요, 형님. (의자를 강현의 앞으로 다가 놓는다)

강현 (의자에 앉으며) 여긴 무슨 일루?

찬식 중대한 비즈니스가 있어 왔습니다.

강현 중대한 뭐라구?

찬식 일이오. (강현에게 양담배를 권한다) 미제라 순합니다.

강현 양담배는 안 피네. 내가 담배 농사로 늙은 사람 아닌가. 올 농사는 가물어서 버렸지만…… (강빈에게 다가가) 금방 잡초를 뽑으면서 곰곰 생각해 보니 내가 잘못 짚은 것 같어. 내가 맏이로서 연로하신 부모님 대신 막냇동생 학비를 대준 건 할 노릇을 한 데 지나지 않어. 이제 와서 동생한테 내 자식 학비를 보태 달라고 했으니, 염치없는 노릇이여, 없던 얘기루 혀.

찬식 (반색을 하며) 참 제가 오늘 잘 왔네요, 이럴 수가!

강현 뭔 소린가?

찬식 아드님 등록금이 얼맙니까?

강현 5백만 원.

찬식 아우님이 흉상 하나만 만들면 1억 원을 받습니다. 뿐인 줄 아세요? 주문은 제가 얼마든지 받아올 수 있습니다. 임 화백같이 유명한 조각가가 얼마 안 되는 금전 때문에 형제간의 의가 상해서야 되겠습니까?

강현 우리 동생은 원래 고진이여.

찬식 사실 말이지 강촌 육동 사람들은 다 알지요. 형님이 임 화백 부모 노릇을 했다는 걸. 아무리 재능이 있어도 대학교까지 뒤를 안 댔더라면 조각가 임강빈은 없지요. 공(功)은 어디까지나 공입니다.

강현 형이 된 도리를 한 것뿐이래두.

찬식 너무 겸손한 것두 병입니다. 아, 오늘 여기가 부득부득 오고 싶더라니, 이렇게 좋은 일 물꼬 터 주려구 그런 거지 뭡니까.

강현 (약간 관심이 동하는 듯) 뭘 만든다고?

찬식 흉상이오.

강현 흉상이란 게 뭔가?

찬식 (창 밖 조각들을 가리키며) 저기 저것들처럼 얼굴 아니 가슴까지 그 사람 모습 그대로를 청동이나 대리석에 새겨 만드는 겁니다.

강현 애국 열사 동상 만들드키?

찬식 옛날엔 주로 죽은 사람을 만들었지만 요즘엔 산 사람을 많이 만들지요.

강현 뭣에 쓰게?

찬식 무병장수하려구요.

강현 쯔쯔, 오래 살아 뭣하려구. 너무 오래 살면 너나없이 천덕꾸러긴 걸.

찬식 있는 사람들은 다르지요. 못 할 게 없는 세상인데.

강현 별것두 아닌 걸 1억씩이나 한다구?

찬식 조각가라구 다 하는 게 아니구요. 구상작가가 유리하답니다. 임 화백이야 구상 조각계의 중진이니 안성맞춤이지요.

강현 1억씩이나 처들여 살아 있는 제 화상을 조상 위하듯 하겠다는 위인이 누군가?

찬식 형님두 아실 걸요. 구룡리 출신 안영진 구룡그룹 회장님을요.

강현 알지, 내 국민학교 동창인 걸.

찬식 그 어른 부탁으로 왔습니다.

강현 제 뫼자리를 왕릉만큼 치총(置塚)하려니까 남 보기가 뭣했던지 제 부모 산소두 공동묘지에서 이장을 해 덩그렇게 꾸며 놨더구먼. 비석두 최고급 돌로 크게 세우구.

찬식 수십 년째 고향 후배 수백 명에게 구룡장학금을 주고 있어요. 인재

양성보다 큰 일이 어디 있습니까?

강현 그 안영진이가 제 흉상을 내 동생에게 부탁한다 그건가?

찬식 안 회장님이 존경하는 어른께 드릴 겁니다.

강현 제 것이 아니구?

찬식 그분은 인사 닦는 데 소홀함이 없는 분이시니까요.

강현 (강빈에게) 니가 할 수 있는 일이냐?

강빈, 못 들은 척 점토 작업을 계속하고 있다.

강현 이 사람 하는 얘기, 있는 사람들 돈 자랑 같기는 하다만……

강빈 졸부들 사치병 들어 흥청대는 데 저까지 나서서 북 치구 장구 칠 순 없습니다.

강현 우리야 무슨 큰 욕심이 있냐. 다만 내가 한 바퀴 둘러보니 손볼 곳 천지더라. 기왕 네 이름을 걸구 조성하는 조각공원이면 번듯하게 해야지.

찬식 그럼요. 제대로만 해놓아 봐요. 관광지로 날리지요. 고향 이름 빛내구 고향 사람들 소득 높여 주면 그보다 좋은 일이 어디 있겠습니까. 서로 돕고 사는 세상, 암, 상부상조해야 하구 말구요.

강빈 관광지 만들어 사람들 몰려와 한 끼라도 고기 못 먹으면 덧나 죽는 귀신모양 고기 구워 먹느라 냄새피우는 데가 어디 한두 군데예요? 여기다 고기 냄새를 진동시키라구?

찬식 보아 주는 이가 있어야 살지, 미술관, 야외 조각장이 왜 있는 거요? 조각공원을 설마 심심해서 만든 건 아닐 텐데.

강현 나두 여기에 관광지 만드는 건 반대다. 얻는 것보다 잃는 게 많어.

찬식 금상첨화(錦上添花)란 말이 왜 있습니까?

강빈 의인(義人)들의 흉상이라면 거저도 해 드릴 수 있지.

찬식 (일부러 놀라워하며) 임 화백, 이제 보니 속부자시네.

강빈 살신성인(殺身成仁)한 분들이 그냥 잊혀지는 게 너무 안타까우니까.

찬식 내가 관여할 바는 아니지만 작은아버지가 조카 학비 대어 줄 의무도 있는 겁니다. 아버지는 가뭄에 담배농사를 버려 돈 나올 데가 없다, 작은아버지는 작품을 해서 대가를 받을 수 있다, 어느 쪽이 순린가요?

잠시 사이, 강빈, 곤혹스럽다. 선미도 마음이 편찮다.

찬식 계약만 하면 착수금 먼저 드립니다.

강현 일을 시작하기두 전에 돈을 준단 말인가?

찬식 물론이죠.

강빈 (의연히) 돈으로 예술을 좌지우지할 수 있다고 착각하진 마시오.

찬식 예술가가 가난한 건 옛날 얘기죠. 조금 융통성만 가지면 여유작작 뱃구레 두드리며 살 수 있어요.

강빈 턱두 없는 소리.

찬식 (지갑에서 수표 한 장을 꺼내어 강현에게 건네며) 형님, 받으시지요.

강빈 안 돼요.

강현 내 맘대로 받을 수 없네.

찬식 동생인데 야단도 못 치십니까? 너 그래선 안 된다구 한 번 나무래 보세요.

강현 난 형일 뿐이네. 공부두 국민학교밖에 못 나왔구. 동생은 외국 유학까지 하구 왔지. 무식한 내가 뭘 알겠나.

찬식 그러면 아드님이 대학을 다니다 말아두 좋단 말입니까?

강현 그야 안 되지. 무슨 수를 써서라두 다니게 해야지.

찬식 답답하세요. 길을 두구 외루 가다니요. 임 화백이 조각은 잘 하지만 세상을 너무 모르는 겁니다.

강빈 불청객이 너무 말이 많은 것 아니오?

찬식 좋게 말해서 고고한 예술가 기질이지만 나쁘게 말하면 지독한 이기주읩니다.

강빈 (버럭) 그만 가시오.

강현 우리 동생을 욕하지 말게나.

찬식 난 신문사 미술 전문 기자도 많이 압니다. 소개해 줄 수도 있어요. 한얼일보 윤은정 기자도 잘 압니다.

강빈 (선미에게) 윤 기자, 서울 올라갔나?

찬식 (짐짓 놀라는 척) 윤 기자가 여기 왔다 갔어요?

선미 여기까지 온 김에 도예를 하는 대학 동창 만나구 간다구 청호리 도예공방에 갔는데요. 갔다가 다시 들른댔어요.

강빈 어제 인터뷰한 기사는 취소해야 할 것 같은데……

선미 아가씨가 아주 총명해서 틀린 말은 하지 않던데요. 당신 작품세계를 꽤 정확히 꿰뚫고 있구요.

찬식 알아주는 기자요 미술평론가니까요. 그 여기자가 인터뷰해서 시리즈로 연재하는 '현대 미술가 열전'에 못 나가 안달하는 작가도 많답니다.

선미 놀랐어요. 당신이 하나뿐인 여동생이 남편이 억울하게 지인한테 사기당해 집 잃구 셋집을 전전하다 우울증에 걸려 영양부족으로 세상을 떠난 뒤 그 불쌍한 영혼을 위로하기 위해 여인상만 제작하는 심정을 이해한다면서 21세기의 제망매가(祭亡妹歌)라잖아요.

강빈 그 말은 맞아. 제망매가야.

강현 (놀라워하며) 아니 그럼 저기 저 인물들이 모두 우리 하옥(霞玉)이란 말이냐? (가까이 다가서서 들여다본다)

강빈 (그리움에 젖어 절절하게) 형님, 우리 하옥이가 얼마나 예뻤는지 잊지 않으셨지요? 얼굴, 눈, 코, 입, 귀, 손발 다 예뻤구요. 그 미소는 여고다닐 때 하옥이만 보면 근심 걱정 다 사라진다구 교장선생님이 하옥이를 업구 복도를 다니면서 '너희들도 임하옥이같은 미소를 지어 보라.'구 했다는 말이 강촌여고의 전설이 된 걸. 마음씨, 영혼은 순결하기 그지없었지요. 그 하옥이가 마흔도 못 살고 우리 곁을 떠난 걸 전 아직도……

강현 그래, 복이 많아 잘살 줄 알았는데 하는 일마다 실패만 하는 서방을 만나 고생만 하다가 피어 보지도 못하구…… (울먹한다)

강빈 처녀 적엔 제 모델이 되어주곤 했어요. 생긴 대로의 저보다 아름다운 모습으로 만들어 주는 오빠가 있어 참 행복하다구 했지요. 제국전 대상작 〈여인상〉도 하옥이를 모델로 한 것이었는데……하옥아, 하옥아아! (허공에 대고 애절하게 부른다)

강현 (추연하게) 하옥이 간 지 3년이 넘었는데 대답을 하겠니. 마음속에 담구나 살아야지. 꿈에두 한 번 안 보이더라.

선미 죽어 좋은 곳에 간 사람은 꿈에 안 나타난대요.

강현 우리 하옥이야 좋은 데 갔어야 하구 말구요.

선미 착하게만 살았으니까 꼭 천국에 갔을 거예요. (하옥의 상을 살포시 끌어안는다)

강빈 밤낮 하옥이를 닮은 작품을 만들고 싶어 미치겠는데두 안 돼요. 아마 제 마음이 하옥이같이 순결하지 못해서인가 봐요.

찬식 아아, 그래서 하나같이 닮았군요.

강현 저게 다 하옥이라면 더 잘 만들어라. 다른 집 딸들이 친정에 신랑이랑 애들 데리구 근친(覲親) 왔다 가는 걸 보면 눈물이 나더라. (사이) 효정이랑 효철이 그 어린 것들이 잘 지내는지…… (목이 멘다)

선미 방학 때 여기라도 와서 지내다 가면 되는데 고모부가 외갓집에 연락을 끊으라고 해서 왕래가 없으니 고모님이 얼마나 섭섭하시겠어요.

강빈 〈하옥의 상〉을 완벽하게 만드는 것이 오라비 된 내 도리인데.

찬식 아무리 잘 만든다 해도 이 궁벽진 곳에만 가둬 놓으면 만드나 마나 아니오?

강빈 내 마음에 흡족하게 되면 전람회를 열 거요.

강현 사진처럼 전신이냐?

강빈 전신, 반신 다 합니다. 어느 것이 하옥이를 통해서 〈한국여인상〉으로 완성될지 모르니까요.

강현 하옥이가 네 깊은 뜻을 알면 저승에서두 기뻐하겄다.

찬식 이건 뉴스감인데.

강빈 미리 발설을 하면 작품이 안 돼요.

찬식 망설일 게 뭐 있어요, 저기 저 목 위에다 얼굴만 다르게 올려놓으면 되는데.

강빈 모독하지 마시오.

선미 어머, 벌써 때가 이렇게 됐네요. 점심 준비해야겠어요. (쟁반을 들고 안으로 들어간다)

강현 할 일이 산더미여. 이러구 있을 새가 없지. (왼쪽으로 나간다)

사이, 윤은정, 오른쪽에서 등장. 큰 가방과 카메라를 메고 있다.

강빈 (반기며) 윤 기자, 그냥 가면 어쩌나 하구 기다렸댔소.

은정 저를 기다리셨어요? 어제 뵜는데.

강빈 그래요. 기다렸어요.

찬식 윤 기자, 동에 번쩍 서에 번쩍 하시는군.

은정 어디서 뵈었지요?

찬식 강남 천지미술관 관리이사 최찬식이오.

은정 여긴 웬일이세요?

찬식 임 화백은 내 동향 후배요. 귀향길에 겸사겸사 들른 거요.

은정 그러시군요. (강빈에게) 임 화백님, 소품 한 점 주신다는 약속을 오래 전에 하셨는데 아직 지키지 않으신 걸 잊고 계신 건 아니죠?

강빈 약속을 지키리다. 그보다 어제 얘기한 〈한국인상〉 프로젝트 말인데……

은정 제 도예가 친구한테 말했더니 대환영이래요. 우리나라 사람들 갈수록 거칠어지고 탐욕스러워지는 꼴 더는 못 보겠다구요. 친구가 예를 하나 들었어요. 한 여인이 산골 외딴길을 간다고 쳐요. 옛날에는 뒤에 남자가 오게 되면 모르는 사람이라도 저만치 거리를 두고 가며 친누이처럼 지켜 주었는데 요새는 쫓아가서 해코지를 한다는 거예요.

강빈 나도 그 의도에 백 번 공감해요. 나만을 위한 예술이 아니라 단 한 사람의 영혼이라도 내 예술을 통해 따뜻하게 위로해 줄 수 있는 작품을 하자. 우리나라, 우리 이웃을 지켜주는 예술을 해야 한다.

은정 제가 화백님을 일차로 찾아 뵌 이유도 거기 있어요. 화백님만큼 순수 열정과 감성을 가진 분이 드무니까요.

강빈 그만큼 거시적 프로젝트에 걸맞은 작품을 하려면 역사 공부도 좀 더 해야 할 것 같고, 일단은 하던 작업을 마무리해야 하니까.

은정 여인상은 거의 된 것 아닌가요? 남성상만 하시면 될 것 같은데요.

강빈 아직 멀었어요.

은정 시간은 충분히 드리지요.

강빈 약속은 못 하지만 해 보고는 싶어요.

찬식 (끼어들며) 무슨 거창한 프로젝트를 윤 기자가 가지고 왔어요?

은정 기획 단계라 말씀드리기 그러네요.

찬식 나도 알 건 다 알고 사는 사람이오. 윤 기자가 특종 잘 터뜨리는 건 알고 있어요. 저번 날 그 기사 윤 기자가 흘린 것 아니오?

은정 무슨 기사를 내가 흘렸다구요?

찬식 '뭐 잘났다고 흉상 붐이냐?'라는 기사 말이오.

은정 그건 그 백 기자가 마침 고양시 호수공원 옆에 살기 때문에 근처에 있는 주물 공장 소문을 듣고 쓴 거예요. 동네에 주물공장 경기가 좋다는 소문이 파다해서 무얼 만드는 공장인가 하고 가 봤대요. 가서 보니 앉은뱅이 얼굴들이 옹기종기 앉아 있어서 '이것들이 다 뭐냐?'니까 공장 사장 하는 말이 '말 마시오. 이것들이 뭐요. 대단한 사람들, 얼굴 보고도 모르시오?' 하더라나요. 자세히 보니 글쎄 모모한 유명 인사들이더라지 뭐예요. 가관(可觀)이라고 웃었더니 값이 자그마치 3천만 원, 5천만 원, 1억까지 하는 흉상의 거푸집을 50여 개나 주문을 받았다구 싱글벙글이더래요.

찬식 암, 불황에도 잘 버는 사람은 따로 있지.

강빈 혹시 거기에도 사진 봉투를 가지고 들락거리는 것 아니오?

찬식 나는 오로지 동향 작가를 아끼는 마음에서 여기 온 거요.

은정 집은 넓고, 식구는 적으니 제 흉상 바라보며 나르시스가 되어 살려면 정원에 연못도 파야겠다고 한바탕 웃었답니다.

강빈 전신 거울을 방마다 걸어 놓으면 된다고 아이디어를 내보면 히트 상품이 될지도 모르겠는걸.

찬식 제주도 서귀포시 오션스타리조트에 갔더니 중국인 관광객들이 안방 침대 머리맡과 발치께, 그리고 샤워실에 전신 거울을 붙여 놓았습디다. 아방궁 흉내를 낸 것 같기도 하고, 사방에 거울을 달아 놓은 목적이 뭔지 알 듯도 하고 모를 듯도 했소만.

강빈 거울방이 이미 유행을 타고 있다는 얘긴가?

은정 문제는 유행이란이란 게 따라가지 않으면 남에게 뒤처진다고 부추겨 너도 나도 따라하게 만드는 마력을 가졌다는 거예요. 사람들 혼을 쏙 빼놓을 유행 뭐 없을까, 심심해하는 호사가들에게 아, 이런 기발한 것두 있구나, 옳지, 나두 해야지, 빚을 내서라도 하고 보는 거야 하고 충동질하는 회오리바람이 불면 사람들은 정신 못 차리죠.

찬식 그래서 내가 왔지 뭡니까. 내 촉은 아무도 무시하지 못합니다. 이건 앞으로 장기간 수요자가 줄을 설 거라 그거요. 집마다 거실에 골프채 세워 놓는 건 유도 아닐 걸. 임 화백만큼 흉상을 잘 만드는 작가는 대한민국에 없습니다.

은정 임 화백님과는 다른 동네 얘기죠.

찬식 기자는 기사나 쓰시지. 남의 사업에 초치지 말고.

은정 누가 할 소린지 모르겠네요. 저도 여기 놀러 온 거 아니에요.

찬식 저기 공원에 나가서 풍경 사진 몇 장 찍으면 되겠네. 납량특집으로 공원에서 무슨 사건이 벌어진다는 미스터리를 얹으면 그럴듯하겠는데. 좀 나가면 바다도 있으니 해수욕장과 솔밭에서 드라마를 한 편 찍어 히트 쳐 보시든지.

은정 혼자 북 치고 장구 치고 하는 양이 무슨 일을 전문으로 하시는지 알겠네요.

찬식 나의 전문 분야로 말할 것 같으면 예술가와 애호가를 연결시키는 다리, 브리지 역할을 하는 거요. 자기 예술을 알아주는 애호가를 만나는 것만큼 복된 일이 어디 있소. 또 자기를 행복하게 만들어 주는 예술 작품을 만나서 반하고 이윽고 가까이 두고 밤낮으로 볼 수 있게 구입해서 자기 것으로 만드는 것보다 애호가에게 기쁜 일이 없는 거요.

은정 미술품 중개인이면 작품을 보는 안목이 상당해야 할 걸요.

찬식 화랑으로 미술관으로, 옥션으로 다니며 공부 많이 합니다. 바야흐로 프로페셔널, 전문가 시대 아닙니까?

은정 작년에 알폰스 무하가 왔었는데 그가 많이 그린 게 뭐지요?

찬식 여자 아니오?

은정 그리고요?

찬식 그 화가로 말할 것 같으면…… (얼른 생각이 안 나자 왔다 갔다 한다)

은정 꽃입니다.

찬식 꽃 안 그리는 화가는 없지. 정원이나 들에 피는 꽃이나 사람꽃이나 아름답기 이를 데 없는데 어찌 화가가 꽃을 안 그리고 배기겠소.

은정 어느 방면에 전문가신지 알겠네요.

찬식 내가 임강빈 작가를 주목한 것이 반드시 빛을 볼 날이 올 테니 두고 보시오.

사이

찬식 (잠시 숨을 고르고 나서 강빈에게) 작가에게 먼저 도움을 드리겠소. 당장 긴요한 것이 무엇인지?

강빈 없소.

찬식 조각공원 만드는 것이 여간 힘든 일이 아니라는 걸 나도 들어 알고 있어요. 아직 조성 중인데 꼭 필요한 것 하나.

강빈 구룡 사람들이 저 위에 호텔을 짓겠다고 로비를 하고 있다던데.

찬식 아, 내가 안 회장님한테 진언하겠소. 우리 도에 하나뿐인 조각공원을 살리자고. 그 담엔 임 화백이 금상으로 답해 주면 됩니다.

은정 어떻게 시장 물건 흥정하듯이 하나 줄게 하나 다오 하는 겁니까?

찬식 (창밖을 가리키며) 저기서 풀을 뽑고 계신 분이 누군지 알기나 해요?

은정 일하는 분이시겠죠.

찬식 임 화백 형님입니다. 아드님 2학기 등록금 마련이 안 돼 와 계신 겁니다. 형님은 임 화백의 오늘이 있게 해 주신 분인데 아우가 수중에 돈이 없다고 말하면 그만일까요?

강빈 누가 그만이라고 했소?

찬식 조각밖에 모르고, 작품은 팔지 않고 그게 그거지요. 길이 있으면 길로 가야지요.

강빈 내 길이 아니면 가지 않을 자유가 내겐 있소,

찬식 자유보다 먼저 지켜야 할 게 의무죠. 형님이 손톱으로 바위 뜯듯 농사지어서 동생을 가르칠 때 먹을 것 먹고 입을 것 입으셨겠습니까?

강빈 당신이 뭐라구 남의 형제 일에 이리 나서는 거요?

찬식 많이 배운 사람답게 형님을 존경하는 마음이 있다면 형님이 찾아

와서 사정 얘길 하기 전에 알아서 보내 드려야 하는 겁니다. 그러면 얼마나 흐뭇하시겠어요. 사람은 자기가 한 일에 대해 보람을 느낄 때 행복한 겁니다.

찬식, 공원으로 가서 강현을 앞세우고 들어온다.

찬식 동생분이 크게 성공해서 얼마나 행복하십니까?
강현 쳐다보기두 아까운 동생일세. 인명록(人名錄)에도 실리는 동생을 두기가 어디 쉬운 일인가?
찬식 형님의 피와 땀에 대한 보상을 정정당당하게 요구하세요.
강변 형제는 일신(一身)이여. 내 몸이 동생 몸이고 동생 몸이 내 몸이네.
찬식 서양 물을 먹은 동생의 생각은 그게 아니잖아요.
강현 우리 선친께서 늘 말씀하셨네. '장형(長兄)은 부모니라.' 난 맏이여. 맏이가 어떻게 달리 살어?
찬식 동생 몫을 빼앗는 놀부 같은 형도 얼마든지 있어요. 놀부가 이야기책 속에만 있는 게 아닙니다.
강현 못된 사람 얘기는 하지두 말게. 나쁜 사람 얘기를 들으면 심란하네. 어쩌다 좋은 일을 하는 사람 얘기를 들으면 가문 날에 한 소나기 맞은 것처럼 마음이 맑아지네. 좋은 얘기만 하기도 모자란 세월이여.
찬식 제 말이 지금 형님한테 가장 좋은 말인 줄 모르세요?
강현 못난 형 때문에 동생 욕먹이구 싶지 않어. (몹시 속이 상한 듯 언짢아 한다)
찬식 형만한 아우 없다는 게 명언이군.
강현 내 아우가 나보다 열 배 나은 인물이지.
찬식 그러니까 제가 인명사전에도 나오는 이 고장 출신 임강빈 화백의 작품 제작에 활력을 불어넣기 위해서 온 거라 이 말입니다.
강현 우리 동생은 어려서부터 혼자 있어야 일을 잘 하는 사람이여. 너무 떠드니까 귀가 따갑네.

찬식 사람은 남의 호의를 받아들일 줄도 알아야 합니다. 유붕(有朋)이 자원방래(自願訪來)하니 불역낙호(不亦樂乎)아. 중학생들도 좋아하는 공자님 말씀. 제가 유붕이 아닙니까?

강현 우리나라에도 훌륭한 학자가 많다두먼. 나는 퇴계 선생을 좋아하네. 매일 숲길을 산책하면서 심성을 바르게 닦으셨다네.

찬식 아, 형님, 존경스럽습니다. 형님께서 한문 서적을 탐독하시는 줄 미처 몰랐습니다. 이 후배의 무식을 용서해 주십시오.

강현 들은풍월이여.

은정 학자들은 선비정신에서 우리나라가 나아가야 할 올바른 정신 지표의 실마리를 찾아야 된다는 의견을 내놓고 있어요. 재사(才士)는 많지만 덕인(德人)은 드문 세상이 더 타락하기 전에 덕 있는 인재를 많이 키워내야 한다구요.

찬식 여기 임 화백 백씨(伯氏)가 바로 그 덕인이라고 나는 확신합니다. 진짜 양반이죠.

강현 요새는 돈 많은 자가 양반이지. 족보도 새로 만들고 가족 납골당을 집채만하게 만들어 뼛가루를 항아리 항아리 담어서 모셔 놓는다더구먼.

찬식 (강빈에게 다가가) 어떻소? 백씨를 모델로 하면 썩 좋을 것 같은데.

강빈 참견도 참 가지가지 하는군.

은정 저도 그 점은 찬성이에요. 언뜻 뵙기에도 어지신 분으로 보여요.

강현 나 같은 농투성이가 무슨……

찬식 농한기 때 와서 모델을 서세요. 그 전에 임 화백은 LK의 금상을 만들면 됩니다.

은정 LK의 금상이라니, 웬 뚱딴지지요?

찬식 광에서 인심난다고, 여유가 있어야 베푸는 법입니다. 돈 쓸 데 천지인데 돈이 없다, 이거 문제 아닙니까? 조카의 등록금도, 하다 만

조각공원 조성도 LK 금상 하나로 다 해결 가능이라 이거외다. 이의 있소?

은정 금상 금상 하시는데 금상이 뭔가요? 모세의 영도로 이집트의 종살이에서 벗어난 이스라엘 사람들이 하느님 대신 만들어 세운 금송아지인가요?

찬식 실세 중 실세인 그분에게 낙점받아 국회에 나가 이 고장을 위해 일할 일꾼을 만드는 데 일조하라 그거요. 인물은 만들면 되는 거요. 별 볼일 없던 인물도 흐름만 잘 타면 한 자리 하는데 재벌 그룹 회장이야 못할 게 뭐 있소. 학교는 이미 중고교, 대학까지 세워 놓았으니 문화생활 향상을 위한 관광단지 조성이 그분의 손 안에 있는 거요.

은정 조각공원에 와서 사전 선거운동을 하시다니……

찬식 장차 길이 남을 작품의 모델이 될 우리 강현 형님을 위해서, 그보다 형제간의 우애를 도탑게 해 주기 위해서 나서는 거요, 이 최찬식이.

은정 임 화백님은 여러 해째 〈제망매가〉 주제를 추구하고 계신데다 제가 가지고 온 프로젝트 때문에 시간이 없으실 거예요.

강빈 (여인상 소품 하나를 흰 종이에 싸서 은정에게 준다) 사랑의 눈길로 보아 주시오.

은정 같은 여자가 보기에도 이 여인상은 참으로 아름답네요. 감사합니다. 보물처럼 아끼며 볼게요. (감격해 하며 받는다)

찬식 나는 하나 안 줍니까?

강빈 여기저기 걸터듬어 많이 쌓아 놓았을 법하오만.

찬식 컬렉터는 못 돼도 창고 하나는 갖고 있지. 경기도 장흥에.

강현 내가 이번에 와서 보니 안 회장 회사가 건물을 신축할 때 먼저 있던 건물 헐어낸 산 같은 건축 폐기물을 우리 조각공원 옆 도랑에 버려 물길이 막혀서 장마만 지면 조각공원으로 흙탕물이 쏟아져 들어와 잔디를 썩게 하고 조각품들이 흙탕물을 뒤집어쓰게 만들었더구먼.

강빈 물길 막은 폐기물을 치워 달라고 회사에 진정해도 못 들은 척, 군청에 민원을 넣어도 그런 사소한 문제는 당사자들끼리 해결하라고 뻰대고 있어요.

강현 그렇게 큰 회사에서도 그런 못된 짓을 한단 말이냐?

강빈 거기다 호텔까지 짓는다고 근처 땅을 모조리 사들이고 있어요.

찬식 (난처한 기색을 애써 감추며) 내가 책임지고 폐기물을 치우게 할 테니까.

강현 자네가 그리 힘이 센가?

찬식 믿어 보세요.

강현 어디 있는데 무소불위(無所不爲)여?

찬식 아! (이마를 탁 치며) 내게 아주 기상천외한 아이디어가 떠올랐소. 임화백이 앞으로 만들 흉상들을 저 조각공원에 세워 인물들의 마을 아니 한국인상 타운을 만드는 거요. 미국의 큰바위 얼굴 못지않게 보러 오는 사람들이 미어질 거요.

강현 장마 지기 전에 물이 잘 빠지게 해야지. 그게 급선무여.

찬식 포클레인만 갖다 대면 금방 됩니다.

강현 당장 전화 한 통 해 보자구. (찬식에게) 안영진이 전화번호 주게.

찬식 건설공사 수주하러 중동 두바이에 출장 가셨답니다.

강현 공장에서 폐수 쏟아내는 것도 못하게 하구.

찬식 (혼잣말로) 내가 그 회사 공장장인가. 흥.

강빈 남이 입는 피해 같은 건 아랑곳 않는 그 사람들을 움직이나 어디 봅시다.

찬식 알았어요, 알았어. 그것 말고 또 있소?

강빈 말만 앞세우지 맙시다.

찬식 흉상 먼저.

강빈 폐자재 먼저 치우고.

찬식 흉상 먼저.

강빈 폐수 먼저 해결.

사이

찬식 훙상 먼저 대령하고 청을 넣는 게 순서요. 급이 다른 인물을 상대하는 게 그리 쉬운 일인 줄 아시오? 어둑한 양반 같으니.

강현 우리 동생을 무시하려거든 그만 가게.

찬식 (태도가 돌변하여) 쌔구쌘 게 작간데 뭔 요구가 그리 많아? 싫으면 그만두라구. (군대식으로 뒤로 돌아가 자세를 하고 나서 작품들 사이를 요리조리 돌아다니며 살핀다. 한 여인상 앞에 딱 선다) 요놈이다. (오른손으로 작품을 꽉 쥐고 높이 쳐든다. 여차하면 내던지려는 태세다)

강빈 (경악하여) 안 돼!

찬식 내가 이 손만 펴면 이 여자는 땅에 떨어져 산산조각이 나. 그래두 괜찮으신가?

강빈 내가 만든 하옥이 중에 가장 아름다운 거야. (울듯이) 제발 제자리에 곱게 내려놓아요.

찬식 훙상으로 보답하겠소 하시오.

강빈 먼저 내려놓은 다음에. (찬식의 앞으로 걸어간다)

강현 (결연히) 우리 하옥이를 다치는 날엔 가만히 안 있을 겨.

찬식 다른 조건 다 없던 걸로 하고 오직 이 여자 하나 살린 것으로 계약은 성립된 거요. (여인상을 본래의 자리에 놓고) LK 훙상, 안 회장 훙상, 야, 살판났구나. (바람같이 오른쪽 문으로 퇴장)

사이

강빈 지난번에 서울 대해화랑에서 5천만 원 주겠다는 걸 안 판 건데. 하옥아, 고마워. 몇 작품 만에 너를 완전히 〈한국여인상〉으로 구현할 수 있을지는 모르지만, 내가 조각을 하는 이유인 네가 무사해 줘서. (찬식이 깨뜨릴 뻔한 여인상을 끌어안고 볼을 부빈다)

강현 나도 한 번 안아 보자. (강빈의 옆으로 가서 두 팔을 벌린다)

강빈, 여인상을 강현에게 건넨다. 강현, 조심스레 여인상을 끌어안는다.

은정 (카메라로 형제의 사진을 찍는다) '다함없는 형제의 사랑'의 순간을 제가 잡았네요. 오늘의 이 신비를 널리 알리기 위해 서둘러야겠어요. 저 갑니다. 안녕히들 계세요. (오른쪽 문으로 퇴장)

사이

강빈 잘 가요, 윤 기자. 〈제망매가〉를 〈한국여인상〉으로 완성하기 위해선 뼈를 깎는 노력을 해야 해.

강현 안영진이가 인물은 인물이지. 그보다 크게 성공한 인물은 우리 군에 없으니께. 동생은 정말 안영진이를 전혀 모르고 있었던 겨?

강빈 모르긴요. 인물인데요. 너무나 잘 알고 있었지요. 아마 안 회장 모르게 줄을 잡아 보려고 왔을 겁니다. 아첨도 잘하면 쓸모가 있거든요. 자기한테 잘하는 사람 몰라라 할 사람은 없으니까요. 찬식 씨는 브로커예요. 커미션 뜯어먹고 사는. 그러니까 폐자재니 폐수니 나오니까 얼굴색이 달라지지 않던가요?

강현 난 그런 줄두 모르구 뭐나 되는 줄 알았구먼.

강빈 남의 것을 해 주다가 어느 날 자기 것도 해 달라는 날이 올지도 모르지요. 안 회장이 국회의원이 되고 그가 보좌관이라도 된다면.

강현 하긴 저런 사람이 어떻게 국회의원이 되었을까 싶게 형편없는 사람두 없지 않으니께 안영진이 국회의원 되게 쫓아다니면 그 사람도 어느 날 국회의원으로 텔레비전에 나와서 목에 힘줄 불거지게 천하에 저만 잘난 양 나라일은 저 혼자 다 하는 양 연설을 한다 그거지?

강빈 국회의원보다 더 좋은 직업이 없다고들 하니까요. 누리는 것 많고 생기는 것 많고, 일은 죽어라고 안 해도 되고, 상특권층이니까요.

강현 꾀쇠로 생겨서 돈은 잘 벌 것 같두먼.

강빈 형님두 그런 꾀쇠를 동생으로 두었으면 좋으셨을 걸, (웃는다)

강현 그런 사람 열하구두 내 동생 안 바꾸네.

강빈 제가 그렇게 대단해요? 형님 눈에?

강현 누가 뭐래두 내 동생 임강빈이는 하늘이 낸 사람이지.

강빈 저는 그냥 조각하는 사람이에요.

강현 나는 니가 뭘 생각하고 뭘 조각하는지 잘은 모르지만 남다르게 바른 정신을 살리려구 애쓰는 건 알어.

강빈 그 남다름 때문에 고생을 하는 건 사실이에요 형님.

강현 그나저나 금상인가 뭔가는 해 줄 겨?

강빈 구룡 그룹이 양심을 보인다면 생각해 보죠. 요원한 얘기지만요. 혹시 그 사람 덕에 우리 공원이 수해를 면하게 된다면 청을 들어 줘야겠지요?

강현 동생 마음 가는 대로 혀. 나는 예술이 뭔지 모르지만 동생한테두 이제 여유가 좀 생겼으면 싶어.

강빈 〈한국인상〉과 〈한국여인상〉만 완성되면 나아질 거예요.

강현 우리 하옥이를 동생 손을 통해 만인이 보게 된다는 생각을 하면 나는 자다가두 일어나 앉어 웃고 싶게 좋아. 우리 하옥이가 죽은 것이 아니다, 살아 있다, 사람은 길어야 백 년 안쪽이지만 조각품은 천 년이라도 남는 것 아녀? 신라시대, 백제시대 부처님 오늘날까지 산 사람처럼 좌정하구 있는 거 봐.

강빈 형님은 하옥이가 천 년을 살 것으로 믿고 계시네요?

강현 우리 오라비들이 안 믿구 누가 믿어. 우리가 믿어야 남들두 믿지.

강빈 영원을 사는 여인상으로 하옥이를 살린다고 생각하니 정말 목욕재계하고 맑고 밝은 영혼으로 온 힘을 기울이고 싶어요.

강현 나두 조상님께 기도하며 기다릴게.

강빈 어머님이 새벽에 정화수 떠놓고 기도하신 것처럼요?

강현 우리 가문의 큰일이자 나라일도 되는 거 아녀?

강빈 윤 기자의 말을 담박 알아들으신 우리 형님, 〈한국인상〉 프로젝트 모델로 기꺼이 초대합니다.

강현 나 같은 보통 사람두 그 모델인가가 될 수 있다면 얼마든지 설겨. 언제든지 불러. 만사 제쳐놓고 올 테니.

강빈 안으로 들어가 점심식사 하구 가세요, 형님.

강현 내가 와서 제수씨 더운데 수고를 하시게 하누먼.

강빈 오늘 형님 제게 대단한 일 하셨어요. 제가 모르고 살 뻔한 큰 깨달음을 주셨어요.

강현 나두 우리 하옥이 하나 가지구 가서 집에 놓고 보면 안 될까?

강빈 형님, 그러세요. 하옥이도 좋아할 거예요.

강빈, 가까이에 있는 여인상 하나를 흰 종이에 싸서 강현에게 준다.

강현 (정중하게 받으며) 이게 나한테는 세상에서 제일 귀한 보물이여.

–막

죽는 것이 아니다

등장인물

하옥
아버지
어머니
안 씨
대성
장서

때

현대

곳

양산 송호리

무대

양산(陽山) 팔경 중 하나인 송호리 오래된 솔밭 가에 있는 허름한 오두막.
마당 가운데 작업대가 있다.
나뭇가지, 잎과 풀로 '희망'과 '배려'를 주제로 한 설치미술 작품과 나무 조각 여인상이 몇 개 놓여 있다.
여러 종류의 나뭇가지와 돌들이 울타리를 대신하고 있다.
무대의 반은 오솔길 끝에 있는 각시바위 전설 섬뜰이 차지한다.
왼쪽은 마을로부터 오는 길이고, 오른쪽은 강으로 가는 길이다.
그 아래 아기 벚꽃이 무리지어 피어 있는 벼룻길이 있다.

막이 오르면

벚꽃이 만개할 무렵 아침나절. 하옥의 음악 '생명의 찬가'가 흐른다.

하옥, 스웨터와 바지 차림으로 강가에서 주워 온 가지 많은 나무를 다듬고 있다.

왼쪽 길에서 아버지와 어머니 등장. 소박한 시골 노부부 풍모이나 어딘지 기품이 있어 보인다. 어머니는 반찬통을 들고 있다. 아버지, 어머니, 작업대 옆의 긴 나무의자에 앉는다.

아버지 (설치작품들을 가리키며) 저것들 다 아궁이에 넣고 군불 지피면 활활 잘 타겠다.

하옥 아버지두, 얘들 다 이름이 있는 작품이에요.

아버지 사람들이 널 뭐라는 줄 아냐? 쓰레기 대장이래.

하옥 예술 문외한들 입방아, 하나두 안 무서워요.

아버지 내가 너 없을 때 와서 다 치워 버릴란다.

하옥 선전 좀 해주세요. 우리 딸은 서울 유명 미술관에 작품을 전시하는 예술가라구요.

아버지 유명 미술관이 뭐하는 데기에 저런 걸 늘어놓는단 말이냐?

하옥 나뭇잎을 실에 꿰어 매달아 놓기도 하고, 나무토막을 깎아서 사람을 만들기도 하고, 몽돌을 둥글게 둥글게 늘어놓으면 손잡고 함께 사는 공동체가 되기도 해요.

아버지 넌 여기서 뭐하는 사람이냐?

하옥 전 각시바위 지킴이에요. 이곳 양산 팔경의 하나인 각시바위가 자살바위가 된 불명예를 두고 볼 수 없어요.

아버지 애비가 어렵게 농사 지어 널 서울로 대학 공부까지 시킨 건 네가 대학만 보내주면 작가가 되겠다고 간곡히 원했기 때문이다. 작가두 못 되구 이렇게 살라구 널 가르친 게 아니란 말이여.

하옥 남들처럼 부모님께 효도하지 못하는 건 죄송하지만 아버지, 저는 나름 해야 할 일을 하고 있어요.

아버지 누가 너더러 각시바위를 지키라더냐? 그건 그냥 거기 있는 한 개 바위일 뿐이여.

하옥 지난해 5월 가정의 달, 신문에서 전국 여러 곳에 자살바위가 있다는 기사를 보았어요. 거기 내 고향 양산 각시바위도 들어 있었어요. 저 아름다운 금강 벼룻길이 어떻게 자살 명소가 될 수 있어요?

아버지 사람들이 못 지어내는 게 없는 세상이다.

하옥 실제로 거기서 얼마 전에 우리 동네 청년 상준이가 죽었잖아요.

아버지 안됐지만 그건 그 아이 문제여.

하옥 불쌍하지도 않으세요?

아버지 (단호하게) 애비의 명을 거역하진 않겠지. 각시바위 지킴이라는 당치 않은 직함을 네 인생에서 지워 버리기를 명한다!

하옥 아버지!

아버지 넌 어차피 여기 더 못 살게 돼 있어. 집임자가 집을 비우라더라.

하옥 이 집에 무슨 임자가 있어요? 수년간 비어 다 쓰러져가는 폐간데.

아버지 윗말 김부자 둘째아들이 서울서 내려와서 펜션을 짓는다더라.

하옥 김장서가 여기 와서 무얼 한다구요?

어머니 큰 공사를 벌일 거라구.

아버지 너한테 여기 살지 말라고 말해 달라는데 내 얼굴이 화끈거렸다.

하옥 직접 와서 말하라고 하세요.

아버지 그만 서울로 올라가거라.

하옥 일 년쯤 살아보구요.

아버지 그 뭐에 글 올린다는 거 하지 마라.

하옥 제가 〈죽는 것이 아니다〉 블로그를 개설한 건요. 살아 있는 감사함을 몰라서 절망하구 포기하구 자살하거나 살인을 하는 사람들이 많은 게 안타까워서예요. 그걸 알려서 단 한 사람이라두 살릴 수만 있다면 전 세상에 난 보람이 있는 거예요.

어머니 편하게 좀 살어.

하옥 제가 사는 방식을 이해해 주세요.

아버지 이건 사는 게 아니여.

하옥 사는 게 아니면 죽은 건가요?

아버지 남들처럼 살란 말이다.

하옥 저두 남들처럼 살고 싶었어요. 허지만 안 되는 걸 어떡해요. 어느 순간 다 놓고 싶었지만 부모님 생각하면 그럴 수 없었어요.

아버지 애비 얼굴 좀 들구 살자. 간다. 네 자리로 돌아가!

어머니 (부엌에 반찬통을 들여놓고 나오며) 때는 거르지 마라.

아버지 신외무물(身外無物)이다.

하옥 (한껏 명랑하게) 네, 신외무물, 명심하겠습니다.

아버지와 어머니, 왼쪽으로 퇴장.

하옥 (부엌으로 들어가 물병과 컵을 가지고 나온다) 가봐야지. 하루가 또 밝았으니 힘차게. (오른쪽으로 걸어가면서 나직이 노래한다) 강물은 흘러흘러 어디로 가나. 넓은 세상 보고 싶어 바다로 간다.

이윽고 하옥이 각시바위 앞에 다다른다. 젊은 여인의 모습을 하고 있는 각시바위는 미소 짓고 있는 듯한 표정이 보는 이의 눈길을 사로잡는다. 주위에는 돌의자가 빙 둘러 놓여 있다. 안 씨가 가운데 돌의자에 앉아 있다. 반백의 머리, 시름에 많이 상한 얼굴에 흰 치마저고리를 입고 있다. 그 옆에 대성이 지치고 초조한 표정으로 하늘을 쳐다보고 있다.

하옥 (안 씨를 보고 놀라며) 아주머니, 여긴 웬일이세요?

안 씨 누가 그러더라. 네가 매일 각시바위 앞에 가 있는 게 수상하다구.

하옥 어떻게 수상하대요?

안 씨 혹시 안 좋은 생각 하는 거 아니냐는 거여.

하옥 (활짝 웃으며) 이 좋은 봄날 무슨 안 좋은 생각을 해요?

안 씨 나두 예 오고자퍼 온 건 아니여. 사람들이 말려. 아들 따라 가고 싶어지면 큰일이라구.

하옥 멀리 돌아서 다니신다는 얘긴 들었어요.

안 씨 상준이가 보고 싶으면 밤중에라두 와져. 나도 모르게.

하옥 조금만 기다리세요. 제가 어떻게든 아주머니 시름을 덜어 드릴게요.

안 씨 이 각시바위가 영 마음에 걸려.

하옥 어머니가 아들딸을 좌우에 안고 있는 모습을 조각한 〈모자상〉을 보면 부모님 생각을 하고 내가 왜 여기 왔나 새 정신이 들어 돌아간다는 얘기가 있어요.

안 씨 그럼 이 청년한테 그 얘기를 해줘 봐라.

하옥 (대성에게) 어떻게 오셨어요?

대성 …….

안 씨 한 시간이나 벼룻길 쪽을 넋 놓고 바라보고 있는 거여. 이름이 대성이랴. 부모님이 큰 인물 되라구 그리 지었다느면.

하옥 대성 씨. 사방 천지가 꽃인데 왜 벼룻길만 바라봐요?

대성 시선이 그리 가는데 발걸음은 옮겨지지 않았어요. 살고 싶은가 봐요. 비겁하게.

하옥 (대성의 손을 꽉 잡으며) 살고 싶은 게 당연하지 그게 왜 비겁해요?

대성 (대들듯이) 살아서 뭐합니까?

하옥 살아 있는 것이 화가 나요?

대성 나만 이렇게 살아서 숨 쉬구, 바람 쐬구, 햇볕 쬐는 게 잘하는 일이냐구요.

하옥 누구 두고 온 사람 있어요? 같이 오시지, 시간이 안 맞았나요?

대성 매일 만나던 사람이 보름이나 연락이 안 됐어요. 전화도 안 받고, 집에 찾아가도 없고, 직장에도 안 나온다고 하고. 미친 듯이 찾아 헤맸지만 나의 지원은 보이지 않았습니다. 어디로 숨었는지…….

하옥 사람을 잃어버리는 고통은 잃어버려 본 사람만이 알지요.

안 씨 듣기조차 괴로워. (각시바위 뒤쪽으로 가 앉아 강물을 내려다본다)

대성 어떻게 착하고 성실하게만 살아 온 처녀가 야산에 주검으로 버려질 수가 있느냐구요.

하옥 대성 씨가 사랑한 아가씨라면 참하고 예뻤을 텐데 어쩌다가……

대성 그놈 얘기로는 지원 씨가 자기가 사귀는 여자 흉을 보아서라는데 지원 씨는 여간해서 누구 흉을 보는 사람이 아닙니다.

하옥 묻지 마, 뭐 그런 게 아닐까요?

대성 세상은 무엇 때문에 이렇게 죄 없는 사람을 희생시킵니까?

하옥 권리도 자격도 없는데 남의 생명을 해치는 사람은 제 분노나 화를 풀 수 있을지는 몰라도 저 자신을 망쳐 지옥에 떨어지게 하는 어리석은 자예요.

대성 그놈은 자기가 사이코패스라 그렇다고 뻔뻔하게 이죽거리고 있어요. 죄책감도 없이.

하옥 그런 사람들과도 한 하늘 아래 살아야 된다는 게 겁나는 일이지요. 그러니까 항상 하느님께 기도를 해야 해요. 모든 악과 악인으로부터 우리를 구해 달라고.

대성 전 기도할 줄 모르는데요.

하옥 내가 가르쳐 줄게요.

대성 지원 씨는 자신보다 남을 더 먼저 생각하는 사람이었어요.

하옥 덕을 지닌 아가씨였군요.

대성 내가 진작에 취직만 되었더라면 우린 결혼해서 행복하게 살 수도 있었는데, 다 허공으로 사라졌어요.

하옥 지원 씨의 영혼을 위해 기도할게요.

대성 다 내 탓이에요. 이력서를 백 통이나 내도 취직이 안 된 것이 내 피를 말렸을 뿐만 아니라 지원 씨도 초조하게 만든 걸 생각하면 나란 존재가 저주스러워요.

하옥 자기를 먼저 사랑할 줄 알아야 남도 사랑한다고 해요.

대성 내 사람도 안전하게 지키지 못한 놈이 무슨 사랑을 합니까? (자신의 뺨을 사정없이 갈기고 또 갈긴다)

하옥 (말리며) 지원 씨의 몫까지 살아야지요.

대성 잠을 잘 수도 먹을 수도 없어요. 그만 포기하고 싶어요. (순식간에 강가로 걸어간다)

안 씨 (벌떡 일어나 대성의 다리를 걸어 넘어뜨린다) 어디 가시나?

하옥 (깜짝 놀라 뒤따라가며) 대성 씨! (놀라운 힘으로 대성을 잡아 일으킨다)

안 씨 폭 곯았구먼. 태산이라도 져 옮길 나이에 힘없는 내 다리에 걸려 넘어지다니.

하옥 나 한 목숨 사라진다고 문제가 해결되는 건 아니에요.

안 씨 저만 손해인 거 몰라? 부모 가슴에 못 박는 건 어쩌구. (돌의자에 앉는다)

대성 늙으신 부모님이 저 대학 가르치느라 땅을 한 마지기씩 팔아 남은 게 겨우 너 마지기랍니다. 네가 대학만 졸업하면 우린 한숨 놓는다고 노래하신 부모님께 전…….

안 씨 부모는 포기 안 혀. 되는 날이 있겄지, 있겄지 하고 기다려. (사이) 나두 기다렸어. 우리 상준이가 대학 졸업하고 취직하고 예쁜 색시 얻어 장가들면 주려구 생전 처음 통장을 만들어 차곡차곡 모았어. 우리 아들, 며느리, 손주새끼 주려구 참깨 한 됫박만 팔아두 읍내 농협으로 달려갔지.

하옥 왜 안 그러셨겠어요.

안 씨 난 아직두 우리 상준이가 왜 그런 선택을 했는지 믿어지지가 않어. 어디서 살구 있는 것 같어. 눈에 삼삼햐.

하옥 동네에서 제일 의젓하고 예의 바르고 공부 잘하는 나무랄 데 없는 청년이었지요.

안 씨 하필 이 아무것도 아닌 바위 덩어리 아래 벼룻길에서 왜, 왜, 왜?

대성 땅속으로 땅속으로 떨어져 다시 아침을 맞지 않았으면 할 때도 있었어요.

안 씨 때 되면 어련히 갈 길을 뭐하러 미리 가지 못해 안달혀?

대성 그러면서 내내 누가 나를 좀 잡아줬으면 좋겠다고 생각했어요. 넌 살 수 있다고, 죽을 필요가 없다고 붙잡으며 따뜻한 차 한 잔이라도 사 주면 고마워서 눈물 날 것 같았어요.

안 씨 농사두 해보면 잘 되는 해가 있구 가물어서 반타작밖에 못하는 해가 있어.

대성 지원 씨와 한생을 함께하고 싶었는데, 저만 남아서 할 수 있는 일이 없어요.

하옥 (물병에서 물을 따라 대성에게 주며) 커피는 있다 대접할 테니까 우선 물을 마셔요.

대성 (받아서 벌컥벌컥 마시며) 아, 달다. 고맙습니다.

안 씨 우리 상준이는 왜 물 한 잔 따라 주는 사람을 못 만났을까?

대성 겨울에는 따뜻한 물 한 잔이, 여름에는 시원한 물 한 잔이 사람을 살릴 수도 있다더니 제가 그런 은혜로운 손길을 만난 거네요.

하옥 물은 어디에나 있어요.

대성 목마른 사람이 누군가 알아보는 눈이 있어야 나눌 수 있는 겁니다.

안 씨 우리 상준이두 목이 많이 말랐을 거구먼. 나두 물 좀 다오.

하옥 (안 씨에게 물을 따라 준다) 여기요.

안 씨 (물을 마시며 허공에 대고) 상준아! 에미가 물 가져왔다. 너두 마시렴.

왼쪽에서 부릉부릉 오토바이 소리가 들리다 멎는다. 장서 등장. 어디 골프라도 치러 가는 듯한 차림이나 얼굴은 꺼칠하고 지쳐 보인다.

하옥은 재빨리 장서를 피해 대성과 함께 솔밭 쪽으로 비켜간다.

장서 오랜만에 뵙네요, 아주머니. 안녕하시지요?

안 씨 안녕 못하네.

장서 왜요?

안 씨 우리 상준이 좀 서울서 자리를 잡게 해주지 그랬나.

장서 제가 언제 약속을 했던가요?

안 씨 동네 형이 서울서 큰 회사를 하고 있으면 손을 잡아줄 수도 있지. 안 그런가?

장서 저 아주 내려왔습니다. 고향에서 새로운 사업을 해보려구요.

안 씨 여기 내 일부터 도와줘.

장서 무슨 일인데요?

안 씨 자네, 이 각시바위를 어떻게 생각하나?

장서 이거 바위 아닙니까? 예전부터 있었던 거.

안 씨 바위도 묵으니까 요물이 된 거 같어.

장서 이 바위가 무슨 문제를 일으켰습니까?

안 씨 해마다 여기서 생목숨이 몇씩이나 허무하게 사라져 가.

장서 그게 왜 각시바위 때문이에요?

안 씨 아무래두 이게 사람을 불편하게 혀.

장서 아주머니 혼자 맘 켱겨 하시는 거지요.

안 씨 아주 없애버렸으면 좋겄네.

장서 바위에 얽힌 며느리 전설이 있었지요, 아마.

안 씨 며느리 구경이라도 해봤으면 원이 없겄다. 며느리를 보았으면 난 업고 다녔을 거여. (한숨을 쉰다)

장서 요새 며느리가 뭐 시부모한테 잘하나요? 섭섭하실 거 하나도 없습니다.

안 씨 독하든 버릇이 없든 난 며느리를 보고 싶었어. 손주도 안아 보고 싫었구.

장서 제가 안아 드릴게요. (안 씨를 살짝 끌어안는다)

안 씨 금방 한 내 말 허투루 듣지 말게. 이 각시바위를 없애야만 앞으로 그런 일이 없을 거여. 단 한 사람이라두 우리 상준이 때문이라구 입방아 찧는 꼴 나는 못 봐.

장서 상준이가 뭘 어쨌다구요.

안 씨 자기들은 자식을 안 잃어봐서 몰러.

장서 정 그러시다면 제가 돌을 들어 옮길 수 있는 포클레인을 알아보아 드릴 수는 있습니다.

안 씨 운임이 얼마나 들까?

장서 영동에서 여기까지 거리가 있으니까 한 번 부르는 데 적어도….

하옥, 큰 나뭇가지와 흐드러진 야생화 한 다발을 들고 온다. 대성은 몽돌 몇 개를 들고 있다.

하옥 (가까이 오며) 부를 필요 없어요.

장서 아직두 저 오두막을 점령하고 있더군. 갔더니 없어서 이리 온 거야.

하옥 서울서 큰 사업을 했다면서 그까짓 오두막 한 채를 욕심내는 이유가 뭐야?

장서 집 같지도 않은 집에서 사는 사람이 하옥인 걸 알았을 때 내가 얼마나 놀랐는지 알아? 서울 가서 대학까지 나온 네가 어쩌다 그리 됐는지는 모르지만 너는 그런 집에 살 사람이 아니잖아. 너한테 어울리는 데 가서 살라고 내가 자극을 주는 거야.

하옥 니가 남을 생각할 줄 아는 사람이야?

장서 공사 들어가기 전에 옮기는 게 좋을 거야.

안 씨 장서 말이 옳다. 부모 생각해서라두 그런 데 살면 안 되지. 흉들 봐.

하옥 나는 자기들 사는 걸 이러쿵저러쿵하지 않는데 왜 그런대요?

안 씨 너는 많이 배운 사람이니까 그렇지.

하옥 그건 하느님을 믿지도 않으면서 하느님 믿는 사람이 조그만 잘못을 저질러도 하느님 믿는 사람이 어쩌구 하며 비난하는 것과 같아요.

안 씨 니가 성당을 다녀서 어딘가 남다른 데가 있다구들 하더라.

하옥 하! 그건 흉이 아니래요?

장서 하기사 넌 남다른 데가 많은 사람이지.

하옥 각시바위를 옮길 생각은 하지 않는 게 좋아.

장서 갈밭 아주머니가 부탁하시기에 편의를 보아 드리려는 것뿐이야. 내 전문 분야니까.

하옥 아주머니, 아까 말씀드렸잖아요. 〈모자상〉을 세우면 된다구.

장서 〈모자상〉? 그게 뭔데?

대성 저도 〈모자상〉을 세우는 데 찬성합니다.

장서 이 친구는 낯이 선데 누구지?

안 씨 놀러 온 사람이지 누구여.

장서 혼자 놀러 다니는 사람두 있나?

대성 유하옥 선생님과 동년배이신 것 같은데 사고방식은 전혀 달라 보이십니다.

장서 내가 훨씬 젊어 보이지? 하옥이는 어려서부터 그랬어. 고무줄놀이, 사방치기도 못하고 한 구석에 앉아 구경만 했어, 맨날 먼데만 바라보고, 무슨 공상을 그리 하는지……

하옥 거긴 부잣집 자식이라구 애들한테 사탕을 나눠 주면서 대장 노릇을 했지 않아?

안 씨 모두 대단한 인물이 될 줄 알았지.

장서 저 제법 큰 회사 사장도 한 사람입니다.

하옥 회사 사장 노릇을 계속하지 귀농은 왜 하셨는지 모르겠네.

장서 농사는 아버지가 지으시지. 난 관광사업을 하려구.

안 씨　　사업을 할 거면 여기 이 청년 좀 써 줘.

장서　　일자리를 찾아서 강산 유람을 왔나?

대성　　어르신이 제가 불쌍해 보이시나 봐요.

장서　　불쌍한 사람은 따로 있어.

하옥　　고향에 와서 주는 것 없이 미운 사람이 된 나를 보고 하는 소리야?

장서　　도로 가면 되겠네.

하옥　　할 일이 있어서 못 가, 당장은.

장서　　네가 여기서 할 일이 뭔데?

하옥　　여느 사람들 눈에는 보이지 않는 일이야.

장서　　쓰레기 주워다 예술품이라고 늘어놓는 거?

하옥　　자연의 재생이고 재현이야.

장서　　그거 해서 밥이 나와? 희한하다. 그걸 예술품이라고 사 가는 사람이 있다니.

하옥　　언제 서울 가거든 강남 세기호텔 로비에 내 작품이 설치되어 있는 걸 가서 봐.

장서　　명화가 쌨는데 그런 걸 늘어놓는 호텔은 없을 걸.

대성　　요즘 새로운 설치미술이 인기가 높아요.

장서　　내가 방금 보고 온 바로는 그건 절대 예술이 아니야.

대성　　유하옥 선생님을 무시하지 마십시오. 아주 귀한 일을 하시는 분입니다.

장서　　이 친구는 동업잔가?

대성　　수혜자입니다.

장서　　하옥이가 베풀게 뭐이 있어서 수혜씩이나?

대성　　생명 지킴이요.

장서　　자네가 위험에 빠졌는데 하옥이가 구해줬다는 거야?

대성　　글과 말씀으로요. 지금 이 순간도 저를 구해주고 계십니다.

장서　　결국 작가가 되었다는 건가?

하옥 작가는 못 됐지만 출판사에 다니며 책은 만들었어.

장서 물리지두 않나 보네. 아직도 책 타령이니.

하옥 내겐 책이 곧 밥이야. (사이) 사장이 여자를 우습게 아는 사람이었는데 나를 박대했어. 사람들과 잘 어울리지 못하니 세상 살 자격이 없다고, 그래 시집도 못 가는 거라고.

장서 힘들었겠다.

하옥 어느 날 전람회에 갔다가 999개의 한국 여인 나무 조각상을 만났어. 여인들은 거의 슬프고 고통스러운 표정이었지. 나도 여인 조각상을 만들어 봐야겠다, 골목길에서 헌 나뭇조각을 주워다 새기기 시작했어. 처음엔 잘 안 됐지만 자꾸 하니까 조금씩 나아졌어.

장서 남자 덕에 호강하는 여자들도 많아.

하옥 아직도 불행한 여자들이 더 많아. 불행할 이유가 없는 뛰어난 여자들이 불행한 게 이해가 안 됐어.

안 씨 잘난 여자라도 남편 복 없으면 지지리 고생하는 거여.

하옥 5년 만에 공모전에 당선됐지. 〈벼룻길의 천사〉로.

대성 대단하시네요, 선생님. (박수를 치며 자기 일처럼 좋아한다)

하옥 내가 사는 빌라 옥상에 아담한 전시장을 만들어 전시하고 있어. 한 주일에 한 번 작은 음악회도 열고, 모노드라마도 하고, 시 낭독회도 하고. 알음알음 20명쯤이 모여 여성도 남성과 똑같이 존중받고 자존감을 살리며 사는 삶에 대해 의견을 나누고 있어.

장서 여기 이러구 있을 사람이 아니네, 유하옥.

하옥 외로운 사람 관리도 해 주고 있지. 찾아가서 말벗도 해 주고, 같이 있어도 주고.

안 씨 하옥이가 속정이 깊어. 내가 상준이를 잃고 먹지도 자지도 못하고 있을 때 서울서 일부러 죽을 사가지고 와서 나를 먹게 해줬어.

장서 (짐짓 놀라는 체) 너한테 그런 구석이 있어?

안 씨 제 시간과 돈을 써서 남의 슬픔을 위로해 준다는 게 아무나 할 수 있는 일은 아니지.

대성 〈죽는 것이 아니다〉 블로그 글도 얼마나 따뜻한지 모릅니다.

하옥 (반기어) 어떻게 알았어요?

대성 몇 번이나 양산 팔경 자랑을 하신 걸 읽었습니다.

장서 사람들이 궁금해하더라. 고향에 와서 무슨 청승인지 모른다구.

하옥 생명의 소중함을 일깨우는 설치미술가를 쓰레기 수집가라고 누가 매도한다는 소문이 내 귀에까지 들려왔어. 쫓아내려구 하지 않아두 갈 때 되면 갈 거야.

장서 그 뭐 네 예술인가 뭔가를 꼭 오두막집 마당에서 해야 하는 건 아니지?

하옥 20평도 안 돼. 펜션 짓는 데 지장이 있는 것두 아닌데 네가 텃세를 부리는 거라구.

장서 난 거치적거리는 건 질색이야. 너희 집 마당에 가서 하면 되겠다.

하옥 내 집?

장서 너의 부모님 계시잖아. 오래된 늘르리기와집.

하옥 부모님이 무슨 죄 지으셨어?

안 씨 자식이 뭔지, 사람들이 나를 불쌍하다. 무슨 낙으로 사느냐구.

하옥 이제 아주머니 자신을 위해서 사세요.

안 씨 자식 앞세운 늙은이가 사는 게 욕이지.

장서 자식에겐 자식의 인생이 있고, 부모에겐 부모의 인생이 있는 겁니다.

안 씨 아나, 너는 네 인생이 따로 없어 그리 부모 재산을 파먹냐? 부자 아니면 너의 부모는 벌써 거덜났을 거여. 원체 부자니까 남아나는 거지.

장서 이번엔 꼭 성공할 겁니다.

하옥 (땅바닥을 들여다보며) 여기 좀 봐요. 개미장이 섰어요.

안 씨 개미장? 어디?

하옥 먹이를 하나씩 입에 물고 줄을 서서 집으로 가고 있는 모습이 장엄하네요. 한 친구가 일하러 나왔다가 다치면 이내 대장한테 연락을 하고 영차영차 다친 친구를 메고 돌아가 치료를 받게 한대요. 세상엔 저 살겠다고 남을 해코지하는 사람이 많은데.

장서 아무리 사람이 개미보다 못할라구.

하옥 나를 도와줄 마음이 손톱만큼이라두 있어?

대성 친구라면 도와줘야 하는 것 아닙니까?

장서 사방에 널린 게 쓰레긴데 다른 데 가서 할 수도 있잖아?

하옥 각시바위 가까이 있어야 돼.

장서 바위 따위에 애착을 갖는 이유가 뭔데?

하옥 나는 고향을 위해 아무것도 기여하는 바가 없어. 내 힘이 미약해서 인류를 위해서는 무슨 일도 할 수 없지만, 가까운 이웃을 위해서는 뭐라도 해야만 돼.

장서 넌 여자가 무슨 그런 거창한 생각을 하니? 세상은 남자들이 만드는 건 줄 몰라?

하옥 양산 팔경이 자살 명소가 돼도 아무렇지도 않아?

장서 왜 하필 경치 좋은 데 와서 죽는다는 거야? 그 사람들 참 이상하다 야.

하옥 기왕이면 화창한 날 풍광 좋은 데서 죽는 게 스스로를 포기하는 데 대한 예의라고.

안 씨 (버럭) 그따위 예의 지키지 말라구 혀.

대성 저도 이곳 사진 보고 오고 싶었습니다. 피어보지 못한 내 인생이 화사한 꽃대궐에서라면 초라하지 않게 하늘나라로 갈 수 있을 것 같아서요.

안 씨 꽃나무라고 심자마자 꽃이 피는 줄 알어? 아니여. 삼 년, 오 년, 다 때가 돼야 피는 거여.

대성 (부르짖듯이) 저는 언제 꽃이 핍니까?

안 씨 취직은 되는 날이 있을 거여.

대성 되는 날이 있을까요? 자신이 있다가두 없어지구, 그래서 힘들어요.

장서 알았다. 하옥이 너랑 이 죽상 청년이랑 계를 모으려는 거지?

하옥 나는 계 같은 걸 해본 적이 없어.

장서 그런 계 말구. 있잖아. 의기투합해서 여차하면 얼싸안구 저 강으로 뛰어들 수 있는 거.

안 씨 (부들부들 떤다) 제발…….

하옥 모독하지 마. 난 그걸 막기 위해 노심초사하는 사람이야.

대성 그게 간단한 문제라고 생각했는데 큰 고통이 따르는 일이래요. 고통을 벗어나려는 건데 억울하잖아요.

장서 억울할 것두 많다.

대성 이 세상에 나같이 무능한 인간을 남기지 않기 위해서 결행을 해야 된다고 생각한 게 백 번도 넘는데 내가 왜 여기 있죠? (열없는 웃음을 웃는다)

안 씨 이 천하에 못된 녀석아. 부모가 자식 상주(喪主) 되어 빈소에 앉아 있는 일이 얼마나 끔찍하고 슬픈 일인지 알어? (눈물이 걷잡을 수 없이 쏟아져 주체하지 못하며) 상준아! 상준아! (목메어 부른다)

하옥 (안 씨를 감싸안으며) 아주머니, 진정하세요.

안 씨 안 돼, 안 돼! 절대 안 돼. (펄펄 뛴다) 만약 대성이 네가 부모로 하여금 자식 상주가 되게 한다면 내가 가만히 안 있을 거여. 알았어? (나뭇가지로 바닥을 마구 친다)

대성 저의 부모님이 제 상주가 되신다구요? 어? 어! (땅에 퍽 엎드린다) 안 돼! 안 돼!

안 씨 (크게) 세상의 모든 자식들아, 내 말 좀 들어봐라. 세상에 나온 대로 부모가 명을 다 살고 간 뒤에 자식도 제 명을 다 살고, 순서대로 가야 하는 것이다.

대성 아! 그리운 어머니의 향기가 맡아지네요. 어르신한테서. (안 씨의 손을 부여잡는다)

안 씨 암. 취직 안 된다구, 실연했다구, 외롭다구 엉뚱한 생각일랑 하지 마!

대성 다시는 안 그러겠습니다. 감사합니다. (냅다 뛰어 왼쪽으로 퇴장)

하옥, 주워 온 나뭇가지로 십자가를 만든다.

안 씨 그건 십자가 아니냐?

하옥 (경건하게) 네, 우리를 위해 예수 그리스도께서 못 박혀 돌아가신 십자가예요.

장서 난 십자가 보면 재수 없더라.

하옥 우리 모두에게는 지고 가야 할 십자가가 있어.

장서 예수쟁이들이나 실컷 지고 가라고 해.

하옥 하느님이 너도 사랑하셔.

장서 난 안 믿는데?

하옥 안 믿어도 사랑하셔. 감사할 일이지.

장서 너의 하느님에게 너 살 마당 있는 집 좀 갖게 해달라구 부탁해.

하옥 이곳이 본래대로 사람들이 와서 자연의 아름다움을 찬미하며 아름답고 경건하고 착하게 살 것을 꿈꾸는 장소가 되게 해주십사 하는 게 일순위야. 난 여기가 좋아. 객지에 가 살아도 늘 그리웠어. (꽃향기를 맡는다)

안 씨 그 꽃은 어디서 꺾어 온 거여?

하옥 여의정(如意亭) 옆에 누가 다북다북 심어 놨더라구요.

안 씨 강가에 어떤 사람이 해마다 꽃나무를 심는다는 얘기가 있던데 이 꽃도 그 사람이 심은 거겠지. 고맙기도 해라. 여러 사람이 보고 기뻐하라구 자기 품 들여서 심은 거네.

하옥 세상에는 좋은 일 하는 사람들이 많아요. 작은 거라도 자기가 할 수 있는 좋은 일을 하면 우리 사는 세상이 정말 아름다워지고요.

안 씨 알겠다. 하옥이 네가 여기 내려와서 무슨 일을 하려는지를.

하옥 고맙습니다. 아주머니.

안 씨 나는 하옥이 니가 고마워.

하옥 세상 떠난 영혼은 산 사람이 위로해 줘야 천국에서 편안히 쉬는 겁니다. 위로는 기도로 할 수 있어요. (각시바위 앞에 꽃다발을 놓는다. 하늘을 향해 무릎 꿇으며) 기도합시다. 자비로우신 하느님 아버지, 사랑 깊으신 예수 그리스도님. 아픈 사연을 안고 다 살아보지도 못하고 이곳에서 세상을 떠난 영혼들을 불쌍히 여기소서. (사이) 남은 가족들도 어여삐 여기시어 이별한 영혼이 살아 있을 때 준 좋은 추억을 간직하며 힘을 내어 살아가게 하소서. 상준 군의 영혼이 천국에서 마음 편히 쉬게 하시고, 여기 계신 아주머니께도 건강과 평화를 주소서. 우리 주 예수 그리스도를 통하여 비나이다. 성부와 성자와 성령의 이름으로 아멘. (성호를 긋는다)

안 씨 (감격스러워하며) 우리 상준이를 위해 꽃다발을 바친 거여? 기도까지 해 준 거여? 아이구 고마워라. 상준아! 상준아! 좋은 곳에 갔지? 하옥이 누나가 널 위해서 기도를 해 줬다. 너 편히 쉬라구.

장서 각시바위 옮기는 일은 어떻게 하시겠어요?

안 씨 보고도 몰라? 나두 〈모자상〉 세우는 데 한 몫 할 거여. 하옥아. 우리 강변말 논 한 두락 내놓을란다. 보탬이 되겄쟈?

하옥 그러문요. 아주머니, 정말 감사합니다. (안 씨에게 경례한다)

장서 남을 위해 사는 사람 유하옥. 그 남 속에 나도 포함되는 거지? 우린 친구니까. 나 좀 도와주라. 내 펜션 사업 잘 되면 〈모자상〉 모금에 거액을 기부할지 알아? 간다. (휙 왼쪽으로 퇴장. 요란한 오토바이 소리 멀어져 간다)

하옥 빨리 가서 '부모가 상주가 되는 비극은 없어야 한다.'고 올려야겠어요. 아주머니 모셔다 드려야 되는데 마음이 급해서요. 천천히 조심해 가세요. (왼쪽으로 퇴장)

안 씨 (각시바위 앞 야생화 꽃다발을 집어 올려 가슴에 품으며) 상준아, 너는 하늘나라에서, 나는 땅에서 용서하고 그리워하며 살자.

—막

호야나무 아래

등장인물

시문
달치
시원
종하

때
현대

곳
해미순교성지 안 응봉산 산자락

무대
시문의 목각 십자가 공방.
중앙에 보는 이로 하여금 저절로 머리를 숙이게 하는 초대형 십자가와 팔 없는 십자가가 걸려 있다.
그 아래에 작업대와 책장, 책상, 몇 개의 의자 그리고 여러 개의 십자가와 목재, 작업 도구들이 잘 정돈되어 있다.
대형 성지 사진과 순교자들의 사진, 그 옆에 호야나무 모형과 철사, 밧줄, 자리개돌 모형 등이 있다.
큰 창문이 왼쪽에, 출입문은 오른쪽에 있다.

막이 오르면

CD플레이어에서 가톨릭 성가 115번 '수난 기약 다다르니'가 흘러나온다. 시문, '수난 기약 다다르니 주 예수 산에 가시어 / 근심 중에 피땀 흘려 성부께 기도하시네……'를 나직이 부르며 박달나무의 결을 다듬는 대패질을 하고 있다.

차가 정거하는 소리가 들리고 잠시 뒤 출입문에 노크 소리. 달치와 종하 등장, 종하는 '무명 순교자를 위한 모뉴망' 팻말을 들고 있다.

달치 여기가 십자가 공장 맞나?

시문 (돌아보며) 전 사장이 웬일로?

달치 이 근처를 지날 때마다 뭔가 켕겨. 무단히 타이어가 펑크 나기도 하고.

시문 난폭 운전을 한 모양이군. 빨리 지나가려고.

종하 저 사장님 비서 10년간 무사고 운전잡니다.

달치 모범운전자 자랑은 집어치고 그거 보여주지 그래.

종하 (〈무명 순교자를 위한 모뉴망〉 팻말을 시문 앞에 들이대며) 이거 형님 글씨지요?

시문 그걸 왜 자네가 들고 있나? (두 손으로 잡으려 한다)

종하 거대 혁신산업단지에 굴러다니더라구요. (작업대 위에 놓는다)

시문 우리 순교동 교우들이 〈무명 순교자를 위한 모뉴망〉을 세우기로 추진 중인 걸 알 텐데.

종하 거대건설이 태양광 혁신산업단지로 국가에서 인가받은 지가 언젠데요.

시문 지난 3월 1일 로마 교황청에서 해미순교성지를 국제 성지로 지정 선포하였다네. '이름도 남기지 못한 순교자들의 신앙을 모범으로 인정하고 이를 전 세계에 알린 영광스러운 사건'일세.

달치 올림픽 금메달을 딴 것두 아니고 뭐가 영광이라는지 모르겠는데.

시문 그 영광을 기릴 또 하나의 전조가 작년에 나타났던 거지. 아무도 모르게 묻혀 있던 유해와 묵주와 십자가가 발견된 걸세.

달치 그동안 산나물과 도라지를 캐러 다닌 사람들이 숱했는데 이제야 무얼 발견해?

시문 존재조차 알지 못했던 이름 없는 순교자들을 뵙게 된 일이 얼마나 눈물겨운지……

달치 유골은 화장해서 바다에 뿌리면 끝나는 거 아닌가?

시문 늦었지만 모뉴망을 세우기로 우리 후손들이 뜻을 모아 기금을 마련하고 있어.

달치 국가가 먼전가? 개인이 먼전가?

시문 이건 개인이 아니라 천주교 공동체의 일이야.

달치 왜 꼭 거기여야만 하느냐구.

시문 거기서 유해가 나왔으니 거기여야만 하네.

달치 해미야 사방 천지 성지라며 아무 데면 어떻다구 땡고집인가?

시문 태양광 단지는 이미 미천동에 세우지 않았나?

달치 다다익선(多多益善)이거든.

시문 천주교 순교사도 하나의 역사야. 우리 민족의 삶의 한 줄기라구. 정신사적으로 기릴 가치가 충분한 삶의 자취야.

달치 천주교밖에 아는 것이 없으니 이리 꽉 막혔지.

시문 다른 사람이 하려는 일에 대해 요만큼이라도 이해하려고 해본 적이 있나?

달치 일의 종류에 따라 달라. 난 손해 보는 일은 하지 않는 주의야. 이익 창출이 기업의 목표거든. 돈을 제대로 벌어본 적이 없는 사람은 절대 알 수 없는 성취감이랄까, 쾌감이랄까 그게 얼마나 대단한 건지 땅띔도 못할 걸.

시문 나 좋자고 남의 일을 막는 게 도리는 아니지.

달치 도리? 천주교를 입에 달고 살면서 공자 얘기를 하니 우스운데.

종하 그러네요. 하하하.

시원 등장. 가방을 메고 여행에서 돌아오는 듯 약간 지쳐 보인다. 달치를 보고 흠칫 놀란다.
달치는 이리저리 십자가를 둘러보며 야릇한 미소를 짓는다.

시원 오빠, 다녀왔어요.
시문 수고했다. 교회사연구소에 갔던 일은?
시원 자료 정리가 잘 되어 있어서 복사를 해왔어요.
시문 네 표정을 보니 수확이 있었던 모양이구나.
시원 (가방에서 복사한 자료를 꺼내어 시문의 책상 위에 펼쳐 놓는다) 1866년 병인박해 때 해미 읍성에서 신자 179명을 처형하는 데 주도 역할을 한 지방관은 해미현 이방 전원배라고 되어 있어요.
시문 일개 이방이 무고한 사람 179명을 죽이는 데 앞장섰단 말이지?
시원 여숫골 연못 있지요?
시문 그 연못이 왜?
시원 그게 그들 말로 '사학(邪學) 죄인'의 집을 파가저택(破家邸宅) 하고 판 연못이래요.
시문 누대가 터를 잡고 살아온 남의 집을 깡그리 없애고 연못을 파도 좋다고 허락한 사람은 없었을 텐데 무슨 권리로 일개 이방 전원배가?
달치 (불쾌한 표정을 지으며) 웬 연못 타령이야?
시문 전원배라면 달치 자네 선대 어르신 맞지?
달치 천주교 신자는 남의 조상 이름을 애들 이름 부르드키 해두 된다는 법 있어?
시문 법? 법에 있어서 무고한 사람들을 그리 많이 죽였나?
달치 조상 제사 안 지내 금수(禽獸)만도 못한 것들이라고 지탄받은 결과라던데.

시원 아전들이 윗선에 잘 보여서 출세하기 위해 비인간적인 만행을 저지른 거예요.

달치 모르면 대원군에게 물어보라구.

시원 다 먹고살 만한 분들이 더 많은 부를 누리기 위해 재산이 있는 천주교 신자들을 마구잡이로 처형하고 재산을 빼앗았어요.

달치 패륜집단으로 몰려 당한 거래두.

시원 임금님은 오히려 죄 없는 백성들을 죽이는 걸 안쓰러워하셨는데 체포와 구금이 완화된 뒤에도 아전들이 교우들을 줄줄이 묶어서 진둠벙에 밀어넣거나 자리개돌에 타작하듯 쳐 죽이고 해미천 옆에 생매장한 거라구요. (처형 사진을 보인다)

달치 연좌제도 없어진 21세기에 어따 대고 케케묵은 얘길 하는지 모르겠네.

시문 그들은 신자들이 순교를 영광으로 알고 배교하지 않는 걸 역으로 이용했던 거야.

달치 그러기 나라에서 금하는 걸 안 믿었으면 됐잖아. 미련 곰탱이같이 어깃장을 놔서 망하는 길로 간 걸 누구 탓을 해?

시원 누구 탓을 하려는 게 아니에요.

달치 살아서도 천당 가길 원한 자들이니 일찍 죽는 게 나쁘진 않았을 텐데.

시문 전원배 후손다운 말을 하는군. 자기는 자자손손 떵떵거리며 살라고 남을 죽이고 재산을 빼앗았으면서 후손에게 잘못을 뉘우칠 줄 모르는 유전자를 남겨 준 거.

달치 (발끈하여) 남의 가문 모독죄가 얼마나 큰지 모르는 모양인데, 옛날부터 남의 조상 무덤을 태우면 잡혀갔어.

시문 초등학교 5학년 때 마을 뒷산에 있는 우리 할아버지 무덤에 불을 내어 태워버린 전달치. 자네 아버지가 쌀을 한 가마 가지고 와서 우리 아버지께 빌었지. 광작하는 자네 아버지는 우리 아버지를 서툰 농부라고 무시했었는데 지서에 고발하지 말아달라고. (사이) 우리 아버지는 그 쌀을 돌려보내셨어.

달치 쥐뿔도 없으면서 자존심 하나는 온 동네서 제일 아니었나? 너희 아버지.

시문 자네 집안은 거부(巨富)로 살지만 아래뜸 바오로 형네는 오랫동안 가난을 못 벗어났어. 원래 택택한 집안이었는데 박해시대 고조할아버지가 순교하시고 남은 식구들이 용인 능말로 피난 갔다 돌아와 보니 전씨네에게 다 빼앗기고 아무것도 남아 있지 않아 땅 한 마지기 없이 자식들을 키우게 된 거야.

달치 소작을 부치지,

시문 살던 동네에서 살지도 못하게 했어.

달치 그 꼴 저 꼴 안 볼 수 있는 방법이 있었는데 그걸 모른 모양이군.

시원 적으나 양심이 있으면 땅을 몇 마지기라도 돌려줬어야 하는 거 아니에요?

시문 전염병 환자처럼 동네 근처에도 못 오게 한 이유가 바로 그거였어. 근동 땅을 다 차지할 욕심에 수단방법 안 가린 거.

달치 사는 동안 부귀영화를 누리는 게 뭐가 나빠?

시문 자네가 회사를 세운 밑천이 알고 보면 거기서 나온 거네.

달치 재복은 타고나는 거야. 내가 타고난 거라구.

시문 자네가 태양광 사업으로 얼마나 더 많은 부를 쌓을지는 모르지만 하필 선대가 막심한 피해를 준 우리 순교자들을 위한 기념비를 세울 부지를 점거하려고 하는 건 도저히……

달치 국책 사업이라니까, 뉴딜 정책도 모르나? 십자가니 성지 보존이니 돈 안 되는 일만 하니까 세상 돌아가는 걸 모르고 이미 예전에 끝난 순교나 물고 늘어지지.

시문 국가 정책이 전부는 아니야. 자기네에게 이로운 것만 추진하기 때문에 피해를 입는 사람도 많아. 권력을 사유화하는 피해가 차고 넘치지. 자네는 승승장구하는 사람들 편이니 날개를 달았다고 법의 맹점 위에 서려고 하지만 영원한 권력은 없어.

달치 권력의 맛을 알고나 하는 소린가?

시원 오빠, 우리 정치 얘기는 하지 말아요. 그건 그쪽 사람들 얘기예요. 영혼에 때가 끼어 불쌍한 사람들. (작업대를 정리한다)

종하 영혼이라구? 어디서 듣던 얘긴데 (왔다 갔다 하며 생각한다) 아, 생각났다. 영혼 지수 10개항. 어떤 사람이 우리 전 사장님한테 그 설문 용지를 계속 보내와서 골치 아픈데, 혹시 그거 보낸 범인이 이 안에 있는 거 아냐?

달치 그게 뭔데?

종하 영혼 지수 어쩌고저쩌고, 구원 어쩌고저쩌고 하여튼 골치 아픈 걸 대답하라는 거라 상대할 가치가 없어 쓰레기통에 버렸죠. 어떤 멍청이가 사장님이 얼마나 대단한 인물인 줄을 모르고 하는 짓 같아서요. 누군지를 알면 혼내 주려구 벼르고 있습니다.

시원 그거 내가 보낸 건데.

종하 네가?

달치 선생하다 수녀원 갔으면 수녀나 되지 왜 나와서 그러구 다녀?

종하 우리 동창 중 고고한 수녀가 하나 나나 했더니 옷 벗구 나와 갈 곳이 없나 봐요.

시문 건강이 안 좋아서 나온 것뿐이야. 시원이가 수녀원 나온 것하구 자네들하구 무슨 상관이라구 이러나.

달치 자네도 신학교 다니다 나오지 않았나? 근동에서 신부와 수녀가 나온 집이 쨌는데 그 집은 신부도 수녀도 없다고 사람들이 이상해 하더라구.

종하 뭐가 부족해서 그런 거 아닐까요?

시문 건강이 허락하지 않으면 어쩔 수 없는 거야.

달치 이제 보니 자네 집안은 순교자 집안도 아니잖아. 자네가 순교자를 위해 몸을 바칠 듯이 나서는 건 하릴없어 하는 짓거리로밖에 안 보여.

시문 우리 동네는 80%가 교우 집안이야. 우리 천주교회에는 모든 성인들의 통공(通功)과 서로를 위해 기도해 주는 기도 품앗이가 있네.

달치 자기들끼리 엎으러지는 것 같던데.

시문 한 형제자매이니 핏줄처럼 존중하며 살려고 노력하는 거지.

달치 (십자가를 뜯어보며) 나무를 열십자로 엮는데 지나지 않는 이것이 무어라고 죽어라 매달리나 의아해하는 사람들이 많아.

시문 남의 일을 입으로 빻는 시간에 와서 순교 체험을 해보면 좋을 텐데. 여기들 앉게. (달치와 종하에게 의자를 권한다. 달치와 종하, 의자에 앉는다)

시원, 진둠벙 처형 장면을 재현한 영상을 튼다.

내레이터 지금이라도 천주를 안 믿겠다고 하면 살려 주겠다.

소리 자매님들, 형제님들, 힘내세요. 기운을 잃지 마세요. 자, 다 같이 주모경을 바칩시다. 하늘에 계신 우리 아버지, 아버지의 이름이 거룩히 빛나시며 아버지의 나라가 오시며 아버지의 뜻이 하늘에서와 같이 땅에서도 이루어지소서!

다른 소리 예수 마리아 요셉, 예수 마리아 요셉. 예수 마리아 요셉.

달치 저 사람들 누굴 그리 애타게 부르지?

시문 보는 것만으로도 숨이 막히는 일을 주도한 게 전원배 이방이라구.

달치 난 조상님 얼굴 사진도 본 적이 없어. 나와는 아무 상관없는 일이야.

시원 (영상을 끄며) 유해 발굴시 뼈가 서 있었어요. 그건 살아 있는 몸이 묻혔다는 뜻이에요.

달치 두 발로 서 있었다는 거야?

시원 상상하기도 힘들지요? 산 사람 얼굴에 흙을 퍼부어 숨넘어가 죽게 한 일……

달치 그땐 포클레인이 없었을 테니 삽으로 퍼부었다?

시문 설마 지금 머릿속으로 그때 포클레인이 있었다면 훨씬 쉬웠겠다는 계산을 하고 있지는 않겠지?

달치 (숨을 크게 내쉬며) 난 항상 집을 짓고 있거든. (손으로 네모와 세모를 크게 그린다)

시문 시늉만이라도 안쓰러워할 수 없나?

달치 덕분에 성인(聖人)인가 뭔가, 복자(福者)인가 뭔가도 되었다면서?

시문 이름이 밝혀진 분은 132위밖에 안 돼. 47위는 무명(無名)이야.

종하 도망가지 왜 가만히 있었대요? 거 참 이상하네.

시문 쫓아가서 칼로 목을 베었을 걸.

종하 안 믿는다고 하지, 그게 뭐 어려워요?

시원 신앙은 안 믿는 사람은 죽었다 깨어나도 알 수 없는 신비야.

달치 예수는 죽었다 깨어났다며 그 사람들은 왜 깨어나지 않았지?

시문 부활의 영광은 모든 하느님의 자녀가 누리는 걸세.

달치 그렇다면 다 끝난 얘기네. 비석 같은 거 세울 필요 없겠는데.

시원 이해까진 안 바랍니다. 우리 동네 교우들이 '무명 순교자를 위한 모뉴망'을 세우는 데 방해만 하지 말아 주세요.

달치 내가 뭘 하려고 하면 이상하게 방해자가 나타나. 나야 집 잘 지어 파는 게 전문인 건설회사 사장일 뿐인데.

종하 시의회 의원이기도 하지요.

달치 시민들을 위해 좋은 일을 하려고 하면 협조는커녕 반대에 부딪혀. 천주교 신자들의.

시원 3년 전 한티동에 빌라 지을 때 순교자 묘역으로 통하는 길을 막아 버렸지요. 없는 길도 만들어 줘야 하는데 있는 길을 자기 사리(私利)를 채우기 위해 막아버린 건 법의 심판은 받지 않았지만 권한 남용 아닌가요?

달치 시민을 위한 법을 만드는 나한테 너 참 건방지다.

시원 온갖 거 다 누리는 사람들이 자신들을 위해 법을 만들고 고치는 세상 아니에요?

종하 너 ○○일보 보는구나.

시원 마을 사람들이 지성으로 가꿔 온 숲에 태양광 단지란 미명 아래 나무들을 다 베어내 민둥산 만들어 집중호우 때마다 홍수 피해가 엄청나고 환경 파괴로 온실가스 감축 손실이 크다고 전국에서 난리에요. 전 사장님은 그거 아니라도 집 지어 돈 잘 벌면서 굳이 그래야겠어요?

달치 대세를 따르는 건 사업가의 탁월한 비전이지.

시문 사업가 이전에 우리는 이웃이고 친구야.

달치 공청회 열어볼까? 태양광 혁신사업을 하는 게 시민에게 도움이 되나, 있으나 마나 한 무슨 조각 한 점을 삐쭉 세워 놓는 게 이득이 되나.

시원 물질적 부와 정신적 부가 겨루면 언제나 이기는 건 물질적 부이기 쉽지만 그게 전부는 아니죠.

달치 비석 하나 세우는 것과 산업단지 건설하는 건 차원이 달라, 백 프로.

시문 비석이 아니라 영원불멸할 기념물이야. (모뉴망 드로잉을 꺼내 선을 수정한다)

달치 불멸?

시문 순교자들의 넋이 영원히 살아 숨 쉬는 사실을 기리는 거니까.

시원 하느님 사업이라구요.

달치 하느님 사업? 있지도 않은 하느님이 무슨 사업을 하냐? 사업은 돈을 버는 건데 하느님이 어떻게 돈을 벌어? 너희들이 하느님 대리점이라도 냈냐? (하늘에 대고 홍소를 날리며) 하느님, 거기 있거든 어디 말 좀 해보쇼.

시원 크게 성공한 사람들 중에는 자신을 신격화 하는 아신교(我神敎) 교주(敎主)가 많아요. 신 같은 건 안중에도 없는 거지요. 자기가 세상에서 제일 잘났다고.

달치 아무것도 안 믿어도 잘만 사는데 뭐하러 하지 말아라, 하면 안 된다는 거 투성이 종교를 믿어? 짐스럽게.

시원 인생에 꽃 피는 봄만 있나요? 구름 끼고 우박, 벼락 치는 날도 있지. 공포 앞에, 불행 앞에 기댈 기둥 있었으면 하게 되지 않나요?

달치 그게 보이지도 않는 신일 필요가 있어?

시원 사람의 힘으로 안 되는 일이 닥치면 하느님, 부처님, 알라신 하고 울며 매달리는 사람들을 어리석다고만 할 수 없지요.

달치 난 아직 그런 일 없었고 앞으로도 절대 없을 거야.

종하 암요. 거대건설이야 탄탄대로를 가니 끄떡없지요.

시문 그렇게 여유만만한 사람이 어찌 소견이 바늘구멍만도 못한지 모르겠네.

달치 (버럭) 뭐야?

시문 (무명 순교자를 위한 모뉴망 팻말을 들어 보이며) 이 조그만 표지 하나도 용납 못하는 사람이 내 친구라는 게, 우리 동네서 제일 성공한 사람이라는 게 믿어지지 않아.

종하 (썩 나서며) 우리 지역 경제를 살릴 범정부적 차원의 태양광 사업 프로젝트를 확장하기 위한 땅이란 말입니다.

시문 오로지 제 주장 관철하려고 다 된 밥에 코 빠뜨리는 일이 어디 한두 가진가?

종하 태양광이 대세예요. 탈원전 모르세요?

시문 아주 노래를 부르는군.

종하 암은요. 태양광 태양광 우리의 빛나는 미래.

시문 탈원전이 우리나라 경제에 엄청난 마이너스를 초래하게 되리라는 전망도 있어.

달치 탄소 배출을 줄이는 방법이 탈원전 말고 또 뭐가 있는데?

시원 태양광 사업으로 국토를 마구 파헤치는 결과가 미미할 뿐이라는 거죠. 돈만 엄청 쏟아부어 나랏빚만 늘리고 시침 딱 떼고 나 몰라라 하고.

달치 경제는 내가 전문가야. 사업을 해 본 사람만이 아는 세계가 있다구. 난 이 사업을 키워 그룹을 만들 거라구. 두구봐.

시문 그룹 되는 걸 막지 않을 테니 우리 순교 성지는 건드리지 말아줘.

달치 솔직히 말해 봐. 그거 해서 돈 얼마 생겨? 내가 그 돈 줄게. 아니 배로 줄게.

시문 자네 눈엔 돈밖에 안 보이지?

달치 유시문, 초등학교, 중고등학교 때 일등만 했는데 어쩌다 오십이 넘은 나이에 이러구 사는 거야. 십자가를 몇 개 만들어야 한 달 생활비가 나오냐?

시문 (갑자기 머리를 세게 맞은 듯이 고통스러워하며 머리를 감싼다. 중앙의 초대형 십자가 앞으로 가 무릎을 꿇으며) 주님, 저의 잘못의 거울에 이웃을 비춰보게 하십시오.

시원 오빠, 왜 그러세요?

시문 (결연한 표정으로) 전 사장에게 보여줘야겠다. 자. 이리 오게. (달치를 잡아끈다)

달치 (일어서며 시문을 확 떠민다) 이거 놔.

시문 (안 쓰러지려 버티며) 스스로 와 줘서 고맙네, 전 사장.

달치 반가운 사람 대접 한 번 고약하군.

시문 내가 와 달라고 초대했으면 자네같이 하느님이란 말만 들어도 골을 내는 사람이 와 줬겠나?

달치 내가 노는 물이 어떤 수준인지 자네 같은 루저가 알 리가 없지. 상위 10% 안에 드는 사람의 시간은 금이야. 나 바쁘다구.

시문 잠깐이면 되니 염려 말게. 자네는 오늘 여기서 평생 어디서도 해볼 수 없는 체험을 하는 행운을 얻게 되었음을 감사해야 할 걸세.

달치 내 눈에 이곳은 한갓 쓰레기 하치장이야.

시문 누가 아는가. 오늘 여기서 천지개벽에 버금가는 한 인간의 변모가 이루어질지.

시원 기대가 커요, 오빠.

종하 갑자기 천지개벽이라니요.

시문 보면 알 걸세.

달치 앞으로 내 사업장 근처엔 얼씬도 하지 않기로 약속하는 거지? 김비서, 가자.

시문 〈무명 순교자를 위한 모뉴망〉 팻말을 들고 기세등등 온 것까진 자네 자유지만 돌아가는 건 맘대로 안 돼. 여기 온 이상 자네는 자네 조상이 한 행위의 내용이 어떤 것인지를 확실히 알고 돌아갈 의무가 있어. (사이) 자네가 사업가로 유능한 건 인정하네. 하지만 영혼은 아마도……

달치 시원이가 영혼에 미쳤다더니 자네까지 왜 이러나?

시문 마침 사순시기이니 싫어도 잘못을 뉘우치고 회개하면 부활의 영광 가까이 갈 수 있어. 영적으로.

달치 영혼, 순교, 지겹다. 그게 밥을 먹여 주냐. 옷을 입혀 주냐. 아무것도 아니잖아.

시문 아무것도 아닌가 어디 볼까?

시원 오빠, 서둘러야겠어요. (재빨리 호야나무와 굵은 철사와 밧줄을 무대 중앙으로 가져다 놓는다)

시문 (달치를 호야나무 옆으로 이끈다) 몸으로 겪어 보라구.

달치 뭣들 하는 짓이야? 비켜! (버럭 소리를 지른다)

시문 이게 호야나무야. (철사로 달치를 나무에 묶는다)

달치 (묶이지 않으려고 버티며) 순교 놀이는 너희가 전문인데 나를 끌어들이는 저의가 뭐야?

시문 순교를 놀이라니, 너희 선대 전원배 이방이 남의 생명과 재산을 무참하게 빼앗은 월권행위 못지않은 모독이다.

달치 하고 싶으면 너희들이나 해.

종하 (달치를 도우려 하며) 우리 사장님을 이렇게 대접하고 무사할 줄 아나? 이건 엄연히 업무방해야. 공익사업 업무 수행을 방해하는 거라구.

시원 우리 주 하느님께서 전 사장님을 이리로 부르셨어요. 순수하게 느끼기만 하면 됩니다.

달치 아야!

시원 조이지도 않았는데 비명을 지르시네요. 굳은 나무껍질에 깊은 자국이 패일만큼 철사가 생살을 조였을 때 얼마나 아프셨을까. (성호를 그으며) 우리 신앙 선조, 이름 없는 순교자들이시여. 저희 나약한 영혼에 자비를 베풀어 주시도록 하느님께 전구해 주소서.

시문 (같이 성호를 그으며) 아멘.

달치 이거 치워.

시문 아픈가?

달치 아프라고 하는 짓 치곤 아무렇지도 않은데.

시문 (더 세게 철사를 조인다) 이래도 안 아파?

달치 (나무껍질의 철사 자국을 보며) 이거 혹시 어느 신자가 몰래 칼로 새긴 거 아냐?

시문 무슨 억하심정으로 진실을 왜곡하는지 알 수 없지만 이 호야나무의 역사를 생생히 보고 지켜온 산 증인이 계셔. 모셔올까?

달치 아니 뭐 그럴 것까진 없구.

시문 베드로 할아버지는 스무 살 때부터 이 나무의 지킴이로 사셨어. 어느 무엇보다 이 나무를 더 소중히 아시면서.

달치 자기하고 무슨 관계가 있나 부지.

시문 증조할아버지가 순교하신 나무를 뵈옵듯 모시는 거야.

시원 어느 해 몹시 가문 여름에는 물지게로 물을 져다 주기까지 하셨대요. 거름도 주고. 당신 생전 아니 영원히 나무가 무성하게 살아 있어야 한다고.

달치 영원히 사는 나무가 어딨냐? 노인네 욕심도 과하네.

시원 해미순교성지를 상징하는 노거수(老巨樹)로 살아남을 겁니다.

달치 나무 오래 살아봤자 고목 되는 거밖에 더 있어? 고주박이 그걸 어디다 써?

시원 대대손손 우리 교우들에게 마음의 지주가 될 거예요.

달치 우상 숭배가 따로 없네. 윗마을 고미 무당 할매가 당산나무에 대고 절하고 또 절하고 손을 싹싹 비비는 것하고 뭐가 달라?

시문 우리는 이 나무를 믿는 게 아니고 여기 묶여 순교하신 순교자들의 믿음을 기리는 거야.

달치 그게 그거지. 당산나무나 십자가나.

시원 하다하다 별 발명을 다 하시네요.

달치 이거 풀어. 떠받들리는 나무라는 공통점은 인정할 테니까.

시문 (달치를 묶은 철사를 풀고 호야나무를 한 옆으로 치운다) 마음이 아프지 않나? 내 조상이 남에게 못할 짓을 했구나 하고.

달치 (철사를 멀리 던지며) 천만에. 조상은 모름지기 후손이 잘살게 해줄 의무가 있는 거야.

시문 우리가 언제 하느님 믿는다고 안 믿는 이들에게 피해 준 적이 있나?

시원 매일 온 세계 성당 미사에서 모든 나라들의 평화와 인류의 행복을 기도하는데……

달치 365일 하루도 빼지 않고? 일요일만 아니냐?

시원 하루에 두세 번씩두요.

달치 이해 안 돼. 그 시간에 돈을 벌지 돈을.

시문 자넨 어떤 인간이라고 자신하나?

달치 나만큼 양심적인 사업가도 드물걸.

종하 암은요. 사장님은 지역 모범 기업인상을 두 번이나 받으셨지요.

시원 수없이 매를 맞아 기진한 몸으로 끌려와 철사에 묶여 고통에 신음하며 돌아가실 때 그 아픔을 어떻게 이겨내셨을까 짐작이 가나요?

시문 마귀가 바로 턱밑까지 와서 잡아끄는데도 넘어가지 않은 강인함. 목숨을 잃을지언정 하느님을 배반하지 않은 정신을 이해할 리 만무하지.

달치 웃기는 소리. 지금 누가 성당에 못 가게 막는 사람 있어? 잡아가는 사람 있느냐구.

시문 당장 자네가 내 앞에 있지 않은가. 자기 사업만 중하고 전 세계인이 기리는 해미순교성지를 우습게 아는 사람.

달치 너희들두 좀 남들처럼 약게 살아. 도대체 생산성 제로의 공간에서 뭐하자는 거야?

시원 (자리개돌 모형을 가져다 달치 앞에 놓는다) 이게 해미천 건너던 돌다리예요. 숫자가 많아지니까 돌에 타작하듯 태기를 친 거예요. 붉은 핏자국이 아직도 남아 있어요. 보세요.

달치 신자가 거짓말을 눈도 깜짝 않고 하네. 물때 낀 걸 가지구.

시원 불그스름한 자국이 보이잖아요. 안 보이는 게 아니라 보고 싶지 않은 거지요?

달치 (눈을 깜빡거리며) 내 눈에는 안 보여. 너나 실컷 봐.

시원 (보릿단 타작하는 동작을 하며) 굶주리고 매 맞아 지친 걸음으로 끌려가다 넘어진 사람들을 어떻게 곡식단 털 듯 할 수 있어요?

달치 직전에라도 안 믿겠다고 했으면 너는 살려 주마 하지 않았을까?

시문 그 말이 죽어도 입 밖으로 나오지 않는 거라네.

달치 개똥밭에 굴러도 이승이 좋은데, 백년을 살아도 더 살고 싶은 게 인생인데.

시원 무명 순교자님들이 웃으며 죽어가는 것을 보고 하느님을 믿은 분이 한 분이라도 계셨다면 그분 후손들에게 축복 있기를!

달치 예수는 '원수를 사랑하라'고 했다며? 자기편에 이롭게 한 사람만 좋아한다면 그건 신자답지 못한 처사 아닌가?

시문 하느님을 믿지도 않으면서 하느님 믿는 사람은 안 믿는 사람보다 월등히 착한 사람이기를 요구하는 게 자네 같은 무신론자들의 교활함이지.

달치 오오, 하느님 믿어 행복한 시문과 시원 남매, 상은 언제 받나?

시문 내 몸은 하느님의 거룩하신 성전이야. 난 아름다운 집에 기거하는 하느님의 자녈세.

달치 그 망친가 몽치를 세울 데는 꼭 그 자리여야만 되는 건 아닐 거로 아는데.

시문 순교자의 피로 얼룩진 땅을 우습게 알지 말아 주게.

달치 문서로 박아 놓은 게 아니고 그냥 마음속으로 결정한 거면 방법을 조금 다르게 하면 되는 거 아냐? 네 마음 네가 어쩔 자유도 없니 보구나. 노예처럼.

시문 하느님께서 내게 주신 자유는 고귀하고 엄위한 거야. 내 마음대로 조정하는 게 아니야. 하느님 보시기에 합당해야 돼.

시원 성지에 사는 사람은 여느 사람과는 다르게 사고하고 행동해야 해요.

달치 야, 이 노처녀야. 시집이나 가라. 생기는 것 없는 짓 그만하고.

종하 과연 시원이가 시집을 가는 날이 있을까요? 이 좋은 사업을 두고.

달치 사업? 이까짓 게 사업?

시문 (진정으로) 전 사장 자네가 조상의 죄에 대해 미안해하고 가난한 사람을 멸시하지 않는 걸 보고 싶네.

달치 조상 얘기를 접는다면 (왔다 갔다 생각하며) 대토(代土)를 두 배로 해 주지.

시원 마치 뭐라도 되는 양 오만하게 위선을 떨며 사욕 추구에 끝을 모르는 지경까지 가지 않길 바랍니다. 아무리 성공하고 출세해도 물욕의 노예가 되거나 영혼이 추하게 일그러지면 차라리 보통 사람으로 사는 것만도 못한 거니까요.

종하 우리 사장님이 성당에 다니는 일은 없을 걸.

달치 자네는 왜 일편단심 민들레처럼 십자가만 바라보고 사는데?

시문 십자가를 통해 어떤 영혼이든 용서할 수 있기 때문일세.

달치 (십자가를 한 개 집어들며) 자네는 십자가 만드는 게 생업이니 이게 팔려야 밥먹고 살지? 여기 있는 거 내가 다 사 줄까?

종하 (말리며) 어디에 쓰시게요 사장님.

시문, 시원, 어처구니없어 망연자실하여 몸이 굳는다.

달치가 십자가 한 개를 높이 쳐든다. 시문이 놀라서 십자가를 잡으려 한다. 시원이 거든다. 달치가 십자가를 종하에게 던진다. 종하가 받으려는 순간 시문, 몸을 날려 십자가를 바닥에 떨어지지 않게 하려고 하지만 떨어지고 만다.

긴장된 침묵

시문 (십자가를 끌어안고 눈을 크게 뜨며) 주여! 전달치에게 자비를 베푸소서.

달치 설마 나를 위해서 자네가?

시문 (십자고상의 예수 그리스도 발에 친구하며) 예수님은 십자가를 통해 어떤 영혼이든 용서받게 해주시려고 못 박혀 돌아가셨네. 자네가 태양광 패널로 일대를 다 뒤덮어 떼돈을 번다 해도 교만하면 아무 소용없어.

달치 나는 너희 하느님한테 용서받을 일이 없대두.

시문 내가 가장 공들여 만든 십자가를 하나 선물할 테니 하루 한 번씩 쳐다보게. (정교하게 만든 작은 십자가를 달치에게 준다)

달치 (십자가를 건성으로 받으며) 이런 거 받으려고 온 거 아닌데…… 나 간다.

종하 저는 사양하겠습니다. 안녕히 계세요. (두 사람 퇴장)

시원 어떻게 전 사장을 품을 생각을 하셨어요?

시문 '하느님은 당신의 자비에서 누구도 거부하지 않으십니다.'라는 파우스티나 성녀의 말씀이 떠올랐어. 우리는 지금 성 김대건 안드레아 신부님 탄생 200주년을 기리는 복된 희년(禧年)을 살고 있고.

시원 신앙을 위해 바친 목숨의 맥이 면면히 살아 숨 쉬는 성지의 시민다운 경건한 기쁨으로요.

시문 어쩌면 달치를 도울 수도 있다는 게 분명해졌어. 정신적 가치와 물질적 가치는 적대 관계가 아니라 상호 보완 관계야. 나도 부족한 점이 많아. 네 생을 건 영성 공부와 내 십자가 만드는 일과 순교성지 돌봄이 조화를 이루면 무언가 무명 순교자들의 신심을 널리 알리고, 하느님 은총에 감사하는 일을 할 수 있겠지?

시원 그럼요. 오빠. 고통 중에 기뻐하며 순교하신 179위 순교자들의 형형한 눈길이 우리를 지켜보고 계시는 걸요. (사이) 호야나무에 잎이 피었나 보러 가요.

시문 그래 가자! 새잎, 새 생명, 부활! 기쁜 때가 오고 있도다, 알렐루야!

– 막

삶을 춤춰라

등장인물

미함
연화
경주
고우
묘란

때

늦여름 어느 토요일 아침나절

곳

푸른마음힐링춤의 집

무대

오래된 5층 빌딩 2층에 있는 한 방.
왼쪽에 오디오 기기와 영상용 모니터가 있는 큰 장방형 테이블과 책장이 있다.
그 옆에 소형 냉장고와 전자 피아노가 있고, 작은 테이블을 중심으로 의자 네댓 개가 놓여 있다.
현관문은 왼쪽에 있고 사무실은 오른쪽에 문만 보인다.
벽에는 유명 무용가의 공연 사진 액자가 몇 개 걸려 있다.

막이 오르면

미함이 훨훨 나는 동작과 함께 '나도 한 마리 백조'를 노래하며 무대 좌에서 우로 왔다 갔다 한다. 미함은 돋보기안경을 끼고 있다.

미함 오늘은 아무도 안 오려나? (현관문으로 가서 밖을 내다본다) 연화가 올 때가 됐는데 왜 안 오지? (한 번 더 '나도 한 마리 백조' 춤을 춘다)

고우 (현관 앞에서 주저주저하며) 저 여기가 '푸른마음힐링춤의 집'입니까?

미함 (얼른 고우의 손을 잡아끈다) 네. 잘 오셨어요. 반갑습니다. 앉으세요.

고우 네. (의자에 앉는다)

미함 (고우에게 찬 오렌지 주스 한 잔을 권하며) 드세요.

고우 고맙습니다. (주스를 단숨에 마신다)

묘란 (현관문으로 들어서며 고우를 보고 놀라서) 고우 씨가 여기 어쩐 일이세요?

고우 묘란 씨는 어떻게?

묘란 나야 춤을 배우러 왔죠.

고우 왜 나는 이런 데 오면 안 됩니까?

묘란 (약간 비웃듯이) 고우 씨는 일에만 열중하는 분이잖아요.

미함 아, 두 분이 한 사무실에 근무하는 동료시군요.

묘란 여기서 마주칠 줄은 몰랐네요. 고우 씨가 춤에 관심이 있으리라곤 상상도 못 했어요.

고우 우린 사무실에서 인사나 주고받는 사이 아닙니까?

묘란 그저 직장 동료일 뿐이죠. 누가 친절하면 자기를 좋아하는 줄 알고 일부러 무덤덤하게 대한다는 말도 있던데.

고우 묘란 씨는 내가 못 올 데를 온 사람 취급하는데 나도 사람입니다. 이제부터 예술에 관심을 가지고 즐기기로 했어요.

미함 예술을 창작하거나 감상하는 일 모두 삶을 아름답게 하지요. 묘란 씨. 앉으세요. 시원한 주스 한 잔 드세요. (주스를 권한다)

묘란 (고우와 떨어져 있는 의자에 가 앉으며 주스를 마시고) 책 읽는 게 유일한 취미라는 고우 씨가 설마 사교춤을 배우러 온 건 아니겠지요?

고우 인터넷 광고가 나를 사로잡았어요. '자신을 새롭게 변화시키는 춤을 배우러 오라.'

연화와 경주 등장

연화 원장님, 안녕하세요? 며칠 전 전철역에서 우연히 경주를 만났어요. 우리 고향 아랫동네 살던 영선이 조카예요.

미함 (반기며) 어서 와. 영선이가 온 줄 알았네. 고모를 많이 닮았어.

경주 연화 언니가 선생님 이야기를 많이 해줘서요. 좋은 일을 하신다구요.

미함 좋은 일은 무슨. 연화 샘이 많이 도와주지.

경주 문의국민학교 선생님 중에 시를 잘 쓰는 분이 계셨었다는 얘기가 있었는데 선생님이시죠?

미함 까마득한 옛날 일이야.

경주 시인이 되신 줄 알았는데 무용을 하세요?

미함 잠깐 시인이 될 뻔하다 말았어.

묘란 (무슨 소리냐는 듯) 회고담 하러 모이신 분들이라면 조용한 카페로 가시든지, 테이블이랑 의자 들여 놓아 카페를 만들든지 하세요.

미함 자, 다들 앉아. 자기소개를 먼저 합시다.

모두 앉는다.

미함 난 8학년 전직 교사인데 춤에 대한 한(恨)이 있어요. 나와 인연이 없는 춤에 대해 동경만 하고 살다가 '삶의 주인으로 자기 자신의 춤을 추라.'는 니체의 말을 만나 나 자신의 춤을 추게 되었어요.

연화 그때 왜 학교를 그만 두셨어요?

미함 가을운동회 때 무용 때문이었어. 1반 선생님은 임신해서 만삭이라 할 수 없고 내가 무용을 지도해야 하는데 자신이 없어서 도망친 거야.

연화 못한다고 하면 되지 설마 무용 한 프로 못 가르친다고 선생 그만두라고야 했겠어요?

미함 사실은 전임교에서 〈태극기〉 율동을 했었어. 양손에 태극기를 들고 앞에 나가 시범도 했구, 그런데 왜 1년 사이에 못 하는 게 됐는지 나도 몰라.

연화 원장님 성격에 교장 선생님한테 말하지 않았지요? 상의를 해봤으면 다른 해결책이 있었을지 모르는데.

미함 내가 8월 말일자로 사표를 내니까 정년퇴임을 앞둔 노교장 선생님이 우리 집을 물어물어 찾아와 부모님께 왜 서 선생이 갑자기 학교를 그만 두느냐고 물었더랬어. 기혼 교사들은 아이를 몇씩이나 낳고도 다니는데 스물여섯 새파란 교사가 사표를 내니 놀랐던 거지.

고우 제가 보기엔 선생님한테 교사직 외에 따로 되고 싶은 게 있었던 게 아닐까요?

미함 작가.

묘란 (눈을 동그랗게 뜨며) 작가요? 무슨 책 냈어요?

미함 되다 만 작가가 힐링춤에 홈빡 빠진 거 어때? 이제사 '나무와도 춤을 출 수 있고, 자신과 대화하면서도 춤을 출 수 있고 대화를 발레처럼 할 수 있다.'는 거, 춤으로 모든 것이 가능하다는 것을 알다니 …… (잠시 회한에 잠긴다)

묘란 아무리 봐도 춤을 제대로 출 것 같진 않아요.

연화 안무가(按舞家) 역할을 잘하시지.

미함 고우 씨, 자기소개 해 주실래요?

고우 얼마 전에 저의 약점을 콕 찌르는 말을 친구한테 들었습니다. 틀린 말은 아닌데, 그런 말을 네가 해 주지 않아도 잘 안다고 되받아쳐

주지 않은 게 마음에 걸려서 가슴이 답답한 증세가 생겼어요. 웬만하면 한 1주일 가다가 풀리는데 이번엔 한 달이 가도 답답함이 풀리지 않고 그런 말을 듣고 사는 제가 불쌍한 거예요. 이러다 병이 되면 어쩌나 겁이 나서. 혼자 사는 사람은 건강해야 되는데.

미함 몇인데 혼자 살아요?

고우 마흔이요.

묘란 혼자 사는 이유가 뭔지 아세요? 여자를 행복하게 해 줄 자신이 없어서랍니다.

고우 (묘란을 노려보며) 나에 대해 뭘 안다고 처음 보는 분들한테 떠벌리는 거요?

미함 사람의 인연이란 모르는 겁니다. 나와 연화 샘은 어렸을 때 담 하나 사이 옆집에 살았어요. 서로 수십 년 소식도 모르고 살다가 내 블로그 에세이를 보고 댓글을 달아 연결이 된 거예요. '마음씨 곱고 착한 옆집 동생 연화가 어디선가 행복하게 잘살고 있으리라 믿는다.'고 쓴 '그리움의 수채화'를 읽고.

연화 나를 잊지 않고 기억하고 잘살라고 빌어주는 언니가 있다는 게 너무 고마워서 한참을 울었어요.

미함 10여 년간 에세이 300편을 올렸지만 책을 내주겠다는 출판사가 없어 읽어 주는 사람이 없는 줄 알았는데 읽어 주었다니 내가 고맙지.

연화 원장님 글은 따뜻해서 읽으면 위안이 되어 좋았어요.

고우 (조심스레) 힐링춤의 행방을 찾았으면 좋겠는데요.

묘란 말이 무슨 필요예요. 몸의 언어가 춤 아닌가요? 몸으로 말합시다 몸으로. (무대 중앙으로 나가 요란스런 동작을 해 보인다)

미함 기교가 아무리 뛰어나도 '정신'이 들어 있지 않으면 진정한 예술이라 할 수 없지.

묘란 한 다리로 서 있기도 힘들어 보이는데 단 1cm라도 점프할 수 있을 것 같아요?

미함 (애잔하게) 내 남은 인생의 목표가 '비상(飛翔)'인 걸 어떻게 알았지?

묘란 (이죽거리며) 새 흉내를 내고 싶다는 거예요? 돋보기안경 낀 백조? 웃겨. 8학년이 '백조 덕후'라니 말이 돼요? 어기적거리는 백조, 볼만하겠다. 푸……

미함 난 소프라노 임선혜와 바이올리니스트 양인모 덕후야. 임선혜가 노래 부르고 양인모가 반주하는 오라토리오 〈성령의 불꽃〉은 열 번을 들어도 새록새록 하느님이 보내주신 '성령의 불꽃'에 휩싸이는 듯한 환열(歡悅)을 느끼게 해 줘 감사해. ('성령의 불꽃' 춤을 춘다. 두 팔을 둥글게둥글게 돌리며 불꽃이 타오르는 모양) 아, 아, 아, 아, 내린다, 내린다 '성령의 불꽃'. (하얀 꽃비 내릴 것)

묘란 마음은 젊은데 몸이 안 따라 준다는 말 모르세요?

미함 좋아하는 감정은 나이를 초월하는 거야. 난 아직 젊은이들 못지않게 모든 예술에 관심이 많아. 인터넷에서 문학, 음악, 미술, 무용 좋은 기사를 스크랩해 꼼꼼하게 읽는다구. 피아노 치며 노래도 부르구.

묘란 8학년이요? 정말? 재능이 있는 것도 아니고 젊어서부터 춤을 춘 것도 아니잖아요. 노인네들 야유회에 가서 막춤이나 춘다면 모를까.

미함 내 목표는 내가 춤을 추는 것보다 고통스러워하거나 불행해하는 사람 하나라도 자기 춤을 출 수 있게 하는 거야.

묘란 학생도 못 되는 주제에 선생이 되겠다구요? 꿈도 야무지셔.

연화 여기는 교사가 따로 없어요. 스스로 스스로의 춤을 만들어가는 거니깐.

묘란 교사가 없는 학원이 어디 있어요?

미함 이곳은 학원이 아닙니다.

묘란 학원이 아니면 뭔데요?

미함 자기 자신의 춤을 추기 위해 자기 인생을 돌아보고 프로젝트를 짜고 연습 또 연습을 해서 평생 추고 살 춤을 완성하는 겁니다.

사이

연화 춤을 추기에 앞서 자기 인생을 돌아보는 과정부터 시작해야 돼요.

경주 언니가 선배니까 시범을 보이세요.

연화 〈새로 태어나고 싶어라〉. (무대 중앙으로 가서 온몸을 격렬하게 움직인다. 앉았다 일어나 점프를 하는가 하면 마루 위를 데굴데굴 구르기도 한다. 가슴을 세게 치며) 참는 것도 정도가 있어야 하는 것이었어. 무조건 참는 것만이 능사가 아니라구. (두 손에 오라를 채운 동작을 하며) 남편이란 존재가 남의 귀한 딸을 데려다 노예처럼 지배하라고 있는 건 아닌데. 남편을 위해 주면 나를 위해 줄 줄 안 게 오산이었어. (가슴을 쥐어뜯다 자기를 천천히 끌어안는 동작을 한다)

묘란 스트레칭 수준은 되는 것 같네요.

연화 (자랑스레) 6개월 연습해서 아프던 허리가 펴지고 바로 설 수 있게 되었어요.

경주 모진 시집살이로 청춘 허리 꼬부랑이 있다더니 언니가 그러셨어요?

연화 나는 내가 새사람이 된 게 제일 기뻐요. 시어머니와 남편, 시집식구들이 나를 함부로 대하니까 그런 이들을 가족으로 만나 몸이 망가지도록 참고 산 자신이 미워서 견디기 힘들었거든요. 살기 싫을 만큼. 건강이 좋아지니까 마음이 편하고 너그러워졌어요. 남편이 나에게 무심한 것도 그렇게 교육받아 그렇다고 이해하니까 있는 그대로 받아들이기가 수월해졌어요.

미함 (연화를 얼싸안으며) 어려서부터 동네에서 제일 착한 아이더니 모진 시집살이에도 그 고운 심성을 지켜낸 의지에 박수를 보내고 싶어요.

(박수를 친다)

고우 (기대에 차서 박수를 치며) 춤으로 그렇게 엄청난 변화가 가능하다는 겁니까?

미함 물론이죠. 온몸으로 풀어내는 연화 샘의 한은 우리 한국의 모든 사랑받지 못하는 딸들, 며느리들의 한을 모두 모아 놓은 서사(敍事) 같아 눈물겹지요.

묘란 (냉담한 표정으로) 남들이 다 하는 결혼도 무서워서 못 하는 사람이 의지의 화신 같은 아줌마처럼 변화할 수 있다고 믿는 거예요?

고우 (불쾌함을 애써 감추며) 자유롭게 혼자 살겠다는 사람을 모자란 사람 취급하는 묘란 씨, 얼마나 결혼을 잘하는지 두고 봅시다.

묘란 (잔뜩 비웃는다) 남들 결혼하는데 축의금을 내기만 하고 자기는 받지 못할 테니 아까워서 누가 결혼을 한다고 하면 낯빛이 변하면서.

고우 사람을 뭘루 보고 그딴 모함을 하는 거요?

미함 자, 맛보기로 한 번 움직여 볼까요? (카세트 CD 플레이어에 음악을 튼다. 음악에 이어 나오는 동작 설명 멘트) 자, 귀 기울여 보세요. 편한 자세로. 자기를 깊이 들여다보는 겁니다. 맞은편에 자기가 앉아 있다고 생각하고 다정하게 보아요.

고우는 의자에 붙박인 듯이 앉아 구경만 하려고 한다.

미함 고우 씨는 진짜 처음이시죠? 사람들이 대부분 춤을 무서워하는 게 당연해요. 본격적으로 배워 본 적도 없고 춤을 추는 기회도 거의 없으니까요. 구경을 하다 보면 저쯤은 나도 할 수 있을 것 같은데 하는 자신감이 생길 거예요. 그때 일어서세요.

고우 (벌떡 일어서며) 저도 해보겠습니다. 흉은 보지 마십시오.

미함 다 같이 움직이세요. (동작을 시작한다. 모두 따라 한다) 손짓, 발짓, 몸짓, 눈짓 해보세요. 자신을 부드럽게 터치하고 포옹해 보세요. 이 세상에서 우는 여인을 가장 잘 그린 피카소의 〈우는 여인〉처럼 철철 눈물을 흘려 보세요. 발바닥에 너 나 평생 받쳐주며 사노라 수고했다고 입맞춰 주세요. 자신과 만나 대화하고 장난치며 놀아 보세요. 자신에게 사랑의 감정을 느껴보고 깊이 감동해 보세요. 자신의 상처를 껴안아 주세요. (*)

숨쉬기를 크게 한 다음 의자에 빙 둘러앉는다.

묘란 하라는 게 너무 많으니까 정신이 없네요. 웃기는 건 피카소의 〈우는 여인〉처럼 철철 눈물을 흘리라는 거예요. 슬프지도 않은데 왜 울어요?

미함 내 눈엔 묘란 씨가 '자신과 만나기' 부분에서 어쩔 줄 몰라 하며 얼굴이 빨개지는 게 귀여워 보였는데……

연화 고우 씨는 '사랑의 감정 느끼기'에서 동작을 딱 멈추셨어요.

경주 이야기와 동작이 섞여 있어서 이야기를 하는지 동작을 하는지 모호해요. 하나씩 독립해서 다루면 체계가 잡히지 않을까요?

미함 머릿속으로 생각하는 것과 몸으로 표현하는 것이 일치가 되기 위해선 각자가 개성을 살려서 '순서를 정하고 강약을 취하고 비우기와 채우기, 진하고 옅게 하기, 숨고르기와 몰아치기, 침묵과 대화' 등을 내 것으로 만들어야 해요. 정신이 너무 승하고 몸이 안 따라주는 것도 이상하지만 몸의 표현은 훌륭해도 정신이 담겨 있지 않으면 진정으로 자신을 위한 춤이 될 수 없어요.

연화 내가 해보니까 무조건 하는 것보다 자신 있는 동작부터 하는 게 효율적이에요. 나는 '자신과 만나기'와 '자신과의 화해'에 석 달이 걸렸어요. 한 번도 추어본 적 없는 춤으로 자신을 변화시킨다는 것이 가능한 일일까, 회의와 불안이 갈마들어서요.

묘란 춤은 즐거우려고 추는 거 아닌가요?

미함 맞는 말이죠.

묘란 근데 분위기가 춤보다는 인생철학 강의하는 데 같아서 기분이 안 나는데요.

연화 예쁜 얼굴에 날씬한 몸매에 아름다운 미소만 있으면 미인대회에 나가도 되겠는데 무슨 걱정거리나 불만 있어요?

묘란 난 어려서부터 샘이 많았어요. 남이 하는 건 다 하고 싶고 남이 가진 건 다 가지고 싶어 언니, 오빠랑 많이 싸웠어요. 누가 나에게 듣기 싫은 말 하는 걸 참지 못하고 미워했어요. 얼굴은 예쁜데 성질은 안 좋다는 말을 많이 들었어요. 신경질쟁이라구요. 안 그러려고 해도 화부터 나는 걸 어떡해요. 우리 엄마는 누가 데려갈지 걱정이라고 하세요. 사실 나는 친구도 별로 없고 남자친구도 오래 못 사귀어요. 나를 받아줄 사람을 영 만나지 못하면 어쩌나 겁이 나요.

미함 (환하게 웃으며) 고약쟁이도 연분(緣分)만 만나면 순한 양이 되어 살 수 있어요.

고우 순한 양이 된다구요? (웃음을 참노라 입술을 깨문다)

미함 스스로 혼자 자기에게 맞는 것을 깨달아 치유하는 시대라는 말 못 들어봤어요?

묘란 그게 뭔데요?

미함 말하자면 묘란 씨는 묘란 씨 스스로 치유할 수 있다는 거죠.

묘란 (강하게) 난 병자는 아니에요.

미함 묘란 씨는 이미 스스로 깨달음의 경지에 들어섰어요. 자신이 어떤 사람인지를 정확히 알고 있잖아요.

묘란 사람 놀리세요? 저를 모르는 사람도 있어요?

미함 아주 많답니다. 자신은 5밖에 안 되는데 9나 10으로 착각하는 사람들 천지예요. 능력도 안 되는데 큰 자리를 꿰차고 앉아 나라에 손해를 입히는 사람도 많고.

연화 약점 없는 사람은 없지만 약점을 강점으로 승화시키면 한 단계 성장하는 거예요.

묘란 하면 된다는 말 지겨워요. 성질을 죽여라. 하나, 둘, 셋 셀 동안만 참아라. 그러면 화를 안 낼 수 있다. 누가 화를 내고 싶어 내는 줄 알아요?

미함 자신의 마음을 완전히 비우세요. (비우는 동작을 한다)

묘란 체! (마지못해 따라서 한다)

연화, 경주, 고우도 따라서 한다.

미함 내려놓으세요. (내려놓는 동작을 한다)

묘란 뭘 내려놓으라는 거야?

연화 몸이 가벼워진 것 같지 않아요?

경주 약간.

미함 떨쳐버리세요. (떨쳐버리는 동작) 쓸데없는 욕망을, 남을 미워하는 교만을. 만약 영혼과 육신에 안 좋은 것이 쌓여 있다면 깡그리 끄집어내어 공중에 뿌리세요. (뿌리는 동작) 남을 멸시하고 저만 잘난체하는 교만한 마음이 똬리 틀고 있다면 쑥 끄집어내어 저 태평양 한가운데로 던져 버려요. (확 던지는 동작)

미함의 동작이 정성을 기울이는 것이어서 연화, 경주, 고우는 한옆으로 비켜서서 응원하는 관객이 된다.

묘란 저게 춤이라구요?

연화 원장님이 저 동작을 하기 위해 바친 시간이 얼만데요.

고우 방금 자신의 단점을 고백할 때는 사람이 조금 달라 보였는데 몇 분 사이 도로아미타불입니까?

묘란 힐링춤의 집. 요새 너도나도 힐링이 유행이니 따라 해 보는 건지

모르겠지만 여기서 뭘 배울 게 있을 것 같진 않네요. (가려 한다)

연화 기왕 왔으니 한 시간만 투자하세요. 막대기였던 내가 이젠 모든 것을 표현할 수 있는 재주꾼이 되었다니까요.

묘란 웃을 때는 모르겠는데 안 웃을 땐 죽을상이에요.

연화 아가씨, 말 잘했어요. 난 내 죽을상이 싫어서 한 번 크게 웃어보려고 버스와 전철에 두 시간씩 시달리며 오는 거예요.

묘란 인사동 우리 문화의 거리에 가서 하회탈 하나 사세요.

연화 하회탈 보고 풀릴 한이었으면 내가 병까지 얻었겠어요?

묘란 병이 나았다는 게 믿어지지 않아요. 아이, 난 어쩌면 좋아. (콩콩 뛴다)

미함 실력을 발휘하고 싶은 열정이 끓어오르는 거죠?

묘란 (스스로를 채찍질하듯) 백묘란, 여학교 예술제 때 발레를 해본 적이 있어.

연화 (놀라워하며) 와! 발레씩이나. 실력은 자랑하라고 있는 거니까 보여줘 봐요.

미함 (차이코프스키의 〈백조의 호수〉 CD를 튼다) 어디, 솜씨 좋은 백조 좀 봅시다.

묘란, 음악이 나오자 지체 없이 나서서 백조의 우아한 춤을 춘다. 오데트처럼.

미함 (박수를 치며) 러시아 볼쇼이발레단의 주인공이라고 해도 손색이 없겠어요. 전공만 했으면 수석 무용수도 되었겠어요.

묘란 우리 아빠 사업만 망하지 않았어도, 친한 친구에게 보증을 섰다가 은행에 집과 회사를 빼앗기지만 않았어도 내 꿈을 펼칠 수 있었는데.

미함 재능을 꽃피우지 못한 건 안타깝지만 묘란 씨, 이제부터 해도 늦지 않아요.

묘란 실은 나는 선생이 되어볼까 하고 온 거예요. 초보자 환영이라기에 초보자면 내가 가르칠 수 있을 것 같아서요.

연화 여기 오는 사람은 스스로 자기 춤을 추려고 오는 거예요.

묘란 자기 춤이 뭐예요? 발레에요? 고전무용이에요?

연화 자신의 내면을 들여다보고, 간절히 하고 싶은 얘기를 끄집어내어 표현하는 춤이에요.

묘란 무용 강사가 되고 싶다니까요.

미함 방법이 없는 건 아니죠.

묘란 비전공자도 될 수 있어요?

미함 연화 샘이 밟은 코스를 밟으면 됩니다.

묘란 (못미더워하며) 저 아줌마가 무용 강사라구요?

연화 1년을 꼬박 투자했죠. 힐링커뮤니티댄스 지도자 자격 과정 1년을 이수하면 춤 강사가 될 수 있는 코스가 있는 보결 샘 힐링춤학교(*)를 다니며.

묘란 난 학교를 다닐 시간이 없는데. (실망하여 어쩔 줄을 모른다) 아이 짜증나.

미함 짜증날 땐 흔들고 털어요. 분노, 원망, 증오, 절망, 품고 있으면 화만 나고 화를 풀지 않으면 병이 됩니다. (모두에게) 내 몸의 주인은 누구?

고우 (크게) 나!

미함 내 정신의 주인은 누구?

연화 나.

미함 묘란 씨와 경주 씨는 주인이 따로 있나요?

경주 내 주인은 난데 자기가 나의 주인이라고 앞을 턱 막아서는 인간이 나를 지배한답니다.

연화 남의 지배? 재주껏 안 받고 살 궁리를 해야지.

경주 저 자신의 무능이 용서가 안 돼요.

미함 나도 나 서미함을 용서할 수 없어 늘 괴로웠어. 1960년대에 대학을 나와 아무것도 못된 맹충이. 부모님 뼛골을 빼면서 대학 다니고 작가가 못 된 게 수치스러워 책이랑 습작품들을 남김없이 불살라 버리면 시원하겠다고 생각했지. 허지만 이젠 좋은 책을 맘껏 읽고 예술과 문화를 향유하며 심미주의자로 산 일생이 불행한 것만은 아니었다는 걸 깨달았어. 동생이 다섯인데 사범학교 나왔으니 선생하다 시집가면 되지 대학은 무슨 대학이냐는 말 한 마디 하지 않고 보내 주신 부모님 생각 날 때마다 부르는 노래가 있어. '가도 가도 끝없는 넓은 하늘로/ 엄마 엄마 찾으며 날아갑니다.' (울먹이며 노래한다)

묘란 (비웃듯이) 60년대에 대학을 나왔으면 유명 인사가 되었어야 하는 거 아니에요?

미함 다 늙어서 한글을 깨쳐 시집을 낸 칠곡 할매들만도 못하다고 하고 싶은 거지?

연화 원장님처럼 정신이 반짝이고 영혼이 깨끗한 분은 흔치 않아요. 젊게 사는 긍정적 태도도 훌륭하시구요.

미함 그런 말 들으면 부끄러워.

연화 허명(虛名)을 떨치며 세상에 해악(害惡)을 끼치는 유명인도 많아요. 그 사람들에 비하면 순수무구한 원장님은 하느님 앞에 부끄럽지 않은 삶을 사신 거예요.

미함 (격려의 눈길을 보내며) 경주는 아직 젊으니까 뭐든 할 수 있을 거야.

경주 저 아이들을 위해서도 정신 차려야 해요. 엄마가 잘 되어야 아이들도 잘 된대요. 저는 제가 바보같이 살아서 아이들이 성공하지 못할까봐 그게 제일 두려워요.

미함 걱정, 기우(杞憂)는 마귀의 놀이터야. 쓸데없는 걱정을 하노라 인생을 망치지 마. 즐겁고 보람 있게 살아도 아까운 시간을 남 때문에 괴로워하며 마이너스 인생을 살 필요 없어.

경주 저는 저같이 남의 집에 가서 고생하는 딸을 낳고 싶지 않았는데 딸만 둘을 낳았어요.

미함 잘했네. 요즘엔 딸 가진 부모가 비행기 타는 세상이잖아.

경주 저를 용서하고 화해하고 싶어요.

미함 어렵고도 쉬운 일이 자신과 화해하는 일이지.

경주 먹고살기도 빠듯한 월급쟁이가 바람을 피면서 같이 벌어야 살겠다고 직장 가지라고 내몰더라. 오십대 아줌마를 기다리는 직장이 어디 있어. 겨우 동네 마트 계산원으로 한 달 버는 게 얼만데? 남편은 내가 똑똑한 여편네라 자기를 무시한다고 화를 냈어. 나는 남들처럼 살지 못하는 자신이 미웠을 뿐 남편을 무시하진 않았는데. 입센의 〈인형의 집〉 알지? 노라가 자기 자신을 찾기 위해 가출을 감행하는 거. 근데 어느 잡지 표지를 보니까 노라의 앉은키보다 작은 왜소증 남편 헬메르 앞에 노라가 무릎을 꿇고 있는 거야. 헬메르는 뚱한 표정으로 노라를 내려다보고 있고. 남자가 힘이 세고 덩치가 커서 여자를 지배한다는 게 2천 년 세계 역사의 원리인데 한주먹거리도 안 되는 왜소증 남자도 남편이라고 여자 위에 군림하는구나. 하!

미함 난 그 연극을 관람했는데 남자는 곧 죽어도 여자를 지배하고자 하는 욕망이 있다는 것을 강조하기 위해 등장하는 남자 세 사람 헬메르, 랑크, 크로그스타트 모두 왜소증 배우를 쓴 게 그로테스크하게 보였어.

경주 그가 가정으로 돌아오고 않고는 그의 양심에 달렸어. 나는 그에게 왜 그렇게 사느냐고 묻지도 따지지도 않았어. 사람이라면 돌아오겠지. 나는 그가 사람이길 포기하지 않기를 바래. 최경주! (크게 부른다) 힘을 기르는 거다! (자신을 불러일으키는 춤을 춘다)

미함 연화 샘이 남다른 점은 모진 시집살이로 척추가 휘는 병까지 얻고도 누구도 원망하지 않은 거야. 상대방도 자신도 시집식구들도 기꺼이 운명으로 받아들이고.

경주 아직도 시집살이를 하시는 거예요?

연화 아니.

미함 순리대로 연화 샘에게 해방이 온 거지. 시부모님은 구십 넘어까지 장수하다 돌아가시고, 시누이 시동생 다 시집 장가보내고 이젠 영감님과 아들 둘 네 식구인데 정년퇴직한 영감님이 연화 샘이 설거지를 하면 청소기를 돌린대요. 손 하나 까딱 않던 양반이.

연화 연금으로 생활비 걱정하지 않고 사는 게 고마워 애교로 봐 줘요.

경주 (간절히) 생활비 걱정 없이 산다면 얼마나 좋을까요.

묘란 (신랄하게) 그 정도는 기본 아네요?

연화 자식들 공부시키느라 노후 준비를 못 한 분들이 많아요.

미함 아이 키우기 힘들다고 안 낳는 젊은이들은 이해할 수 없는 부분이지. 점심을 굶고 물로 배를 채우면서도 자식은 가르쳤으니까.

묘란 먹을 게 없을 만큼 가난한데 아이는 여섯 일곱까지 낳았다는 게 이해가 안 돼요.

미함 21세기엔 흥부네 자식 열 명이 모두 국비 장학생으로 미국 유학을 갔다던데.

연화 세상이 무섭게 변했어요.

미함 대(代)가 끊어지는 집이 늘어나고 제사도 못 얻어먹는 혼령이 널렸다니 놀랍지.

경주 예전엔 제사를 모시는 것이 장남이기 때문에 아들 선호사상이 절대적이었죠. 요새는 아들이 있어도 설, 추석 명절 때 제사도 안 지내고 성묘도 안 해도 흉이 아니래요.

고우 전 제사는 3대까진 모셔야 한다고 생각합니다.

연화 며느리가 없는데 제사상을 누가 차려요?

고우 전 제가 차릴 겁니다.

경주 장가를 들어요. 애처가 될 소질이 있어 보여요.

고우 그런 소질이 있으면 이러구 있겠습니까?

경주 지금은 100세 시대라 늦게 아이를 낳아도 자식이 50이 되는 것까지 볼 수 있어요.

고우 전 누구와 같이 산다고 생각해 본 적이 없어서요. 제 꿈은 요리 장인이 되어 근사한 레스토랑 사장이 되는 겁니다.

경주 그렇다면 요리학원을 다녀야잖아요.

고우 목표하는 금액이 아직 멀어서……

미함 부모님 사이는 좋으신 편인가요?

고우 가계는 엄마가 꾸리십니다. 시장에서 건어물전을 해서. 아빠가 엄마를 고생만 시키는 것을 보고 자라면서 그런 남자에 대한 혐오감이 생겼어요. 아빠는 사업을 크게 하겠다며 이것저것 일을 벌여 밑천만 날리고 마는 일을 반복했어요.

미함 아빠같이 무능한 남자가 되면 어쩌나 걱정이 됐군요.

고우 엄마 말로는 아빠에게 무슨 살(煞)이 껴서 하는 일마다 안 되는 팔자를 타고나서 그렇다는데 그런 남편을 만난 엄마는 무슨 죄예요?

경주 그럴수록 고우 씨가 유능한 남자가 돼서 엄마 고생을 덜어 드리고 집안을 일으켜야지요.

고우 자신이 없습니다.

미함 고우 씨는 자신의 능력이나 가치를 못 믿으면 뭘 믿고 살 건가요?

고우 물론 저도 믿고 싶지요.

미함 자신을 과소평가하는 것도 못난 짓이에요. 자신에게 감사할 줄 알아야 해요.

묘란 원장님은 지금 고우 씨의 뺨을 한 대 갈겨 정신이 번쩍 들게 해주고 싶은 거지요?

미함 내가 어찌 감히 남의 귀한 아드님 뺨을 때리겠어요? 무슨 권리로?

묘란 회초리로 종아리를 때리든지요.

고우 왜 혼자 자유롭게 살겠다는 사람을 바보로 몰아세우는 거요?

묘란 (냉담한 표정으로) 누가 그러는지 모르겠네.

미함 이제야말로 '거울춤 추기'(*)를 할 때가 되었네요. 마주 보아 거울이 되며 상대방의 동작을 보고 동작으로 응답하는 겁니다. 묘란 씨와 고우 씨, 마주 서세요.

묘란과 고우, 어색해 하며 무대 중앙으로 나가 마주 선다. 미함, 대형 사진 한 장을 그들에게 보여 준다. 연화, 경주, 의자에 앉아 관객이 된다.

미함 두 사람이 서로를 보며 짓는 웃음이 너무 아름답지요? 내가 웃으니까 너도 웃고 네가 날 진정으로 이해해 주니 나도 너의 전부를 좋게 보고 싶다. 두 발을 번갈아 내딛는 것은 영혼의 대화라고도 할 수 있어요. 등 뒤에 마주 펴서 잡은 손은 무한 신뢰를 나타내는 거죠. 우정이어도 좋고 사랑이어도 좋은 두 사람의 춤으로 표현한 대화는 한 편의 시요 노래입니다. 우리가 매일 대하는 가족이나 친구나 친척, 동료와 '거울춤'을 추어 본다면 서로 미워하고 다투고 척질 일이 없겠지요? 상대방에게서 나를 선하게 읽는 눈을 발견하게 되면 더 아름답고 착하고 좋은 사람이 되고 싶어질 테니까요. 시작하세요.

묘란 (유연하게 리듬을 타는 동작을 하며) 지금 무슨 생각하세요?

고우 (묘란의 동작을 따라 하며) 내 눈에 비친 묘란 씨는 아름다운데 묘란 씨의 눈에 비친 나의 모습은 어떤 것일까?

묘란 언뜻 보면 별로인 것 같은데 뜯어보면 잘생긴 얼굴 같아요. 평소의 무뚝뚝한 고우 씨 얼굴이 아니에요.

고우 (쑥스러워하며) 그런 말 처음 들어 보네요.

묘란 (한 걸음 고우에게 다가서며 활짝 웃는다) 거울 속에 웃는 얼굴이 안 보여요?

고우 보여요. 환히 보입니다. 사무실에서 볼 때는 그저 여러 아가씨 동료들 중 한 명으로만 보였는데 여기선 묘란 씨가 특별하게 보여요.

묘란 기분 좋지요?

고우 그렇긴 한데.

묘란 고우 씨가 문을 딱 닫아걸고 남을 보려고 하지 않으니까 겁쟁이가 된 거예요.

고우 (곤혹스러워하며) 내가 겁쟁이라구요?

묘란 건강한 신체에 직장 있으면 기본은 갖춘 건데 왜 자신을 천하의 못난이로 만들어요?

고우 내 거울이 나를 비난할 자격이 있나요?

묘란 그딴 생각을 하는 사람을 처음 보니까 이해가 안 된다구요.

고우 뿔 달린 괴물이어서 미안합니다.

묘란 고우 씨가 일생을 비혼주의자로 산다 칩시다. 누구를 사랑해 본 적도, 누구의 사랑을 받아본 적도 없이 살다 가면 남는 게 뭐예요?

미함 아무도 사랑하지 않고 아무의 사랑도 받아보지 못하며 사는 건 죄예요. 하느님은 우리를 사랑하며 살라고 세상에 태어나게 해 주셨으니까.

고우 죽어서 무(無)로 돌아가는 건 다 마찬가지죠. 묘란 씨가 결혼을 해서 자식을 남긴다면 국가의 인구 소멸 위험을 더는 데 기여하게 되겠지요. 좋은 때, 좋은 남자 만나십시오.

묘란 (장난스레) 지금 내 거울에 보이는 남자가 좋은 남자라면?

고우 (좌우를 두리번거리며) 여기 나 말고 남자가 더 있습니까?

경주 고우 씨, 참 센스 없다. 지금 묘란 씨가 고우 씨에게 청신호를 보내는 거잖아요.

미함 (환호작약하며) 내가 늘 보고 싶어 하는 '성령의 불꽃' 사랑이 여기 선남선녀에게서 활활 불타오르려나 봐요!

묘란 전 그냥 비혼주의가 얼마나 어리석은 것인가를 깨쳐 주고 싶은 것뿐이에요.

고우 묘란 씨 눈이 높은 거 압니다.

묘란 남고우 씨 비혼주의는 불변의 철칙인 걸 몰라봤네요.

고우 난 레스토랑 사장이 꿈인데 아직 시작도 못 했다구요.

연화 (썩 나서며) 꿈은 살아가면서 이루기 위해 있는 거예요. 단칸 사글셋방에서 시작해서 자기 집을 장만하고 크게는 강남의 60평짜리 아파트 주인이 되는 것처럼 꿈은 키우는 재미로 꾸며 사는 거예요.

묘란 (돌아선다) 거울 비추기 스톱.

경주 (고우의 귀에 대고 속삭인다) 월요일 출근하면 그제 거울춤 너무 좋았다, 우리 서로 '너는 나의 거울' 하며 지내자고 해보세요.

고우 (용기를 내어 묘란을 향해 깊은 절을 한다) 묘란 씨.

묘란 (놀라서 돌아서며) 누가 나를 이리 다정하게 부르지요?

고우 남고웁니다.

묘란 (덥석 고우의 손을 잡으며) 우리 계속 '너는 나의 거울춤'을 멋지게 추어 봐요. 내 춤이 네 춤이 되고, 네 춤이 내 춤이 되면 우리는 세상의 누구 못지않은 자기 자신의 춤을 완성하게 될 거예요. (아름답기 비할 데 없는 거울춤을 춘다. 경쾌하게)

–막

* 표시 부분
최보결 지음 〈나의 눈물에 춤을 바칩니다〉에서 원용(援用)한 것임.

누가 돌멩이를

등장인물

자경
현규
승준
승희

곳

자경의 집 거실

무대

한가운데 둥근 유리 탁자가 있고 오른쪽에 소파, 왼쪽에 안락의자 두 개가 놓여 있다.
의자 뒤에 베란다가 있는데 검은 천으로 덮여 있는 책 더미 때문에 창밖이 보이지 않는다.
본래 20여 개의 관엽식물 화분이 놓여 있어 집안에 생명력을 불어넣어 주던 것이 완전 차단되어 실내가 다소 어두워 보인다.
거실 구석에 놓인 천장에 닿는 행운목과 1미터 높이의 산세비에리아가 그나마 숨통을 트이게 한다.
문갑 위 TV 옆에 걸린 월전 장우성(月田 張遇聖) 화백의 그림 〈신금강산도(新金剛山圖)〉의 신성한 푸르름이 한 점 생기를 더한다.

막이 오르면

자경 (소파에 앉아 방금 등기로 배달된 봉투를 뜯어 소리 내어 읽는다) '〈각성한 여성의 빛〉이라는 제목의 책을 낸 민자경은 집안일을 소홀히 함으로써 가정에 지속적인 피해를 끼치고 있으므로 가정주부 의무 방기죄로 처벌하여 주실 것을 앙망하나이다.' (사이)

'상기 고소 건은 합당한 고소 이유를 발견할 수 없으므로 기각한다.'

현관 도어락 여는 소리가 들리고 현규 등장

현규 (소파에 앉기 바쁘게) 법원에서 재판 날짜를 통보해 왔나?

자경 (탁자 왼쪽 의자로 비켜 앉으며) 아니오.

현규 그럼 그 봉투는 뭐야?

자경 '법률 상식이 암매(暗昧)'하여, 기억 안 나세요?

현규 (자기가 보낸 고소장이 기각되어 돌아온 것을 확인한다. 자존심이 상해 소리친다) 기각이 뭐야, 기각이. 누구 맘대루. 이건 민주 시민의 권리를 무시하는 처사야.

자경 (뒷방 서가로 가서 국어사전을 가지고 온다) 어디 찾아봅시다. '가정주부 의무 방기죄'라는 게 있는지. (사전을 찾는다)

현규 법은 국회에서 만드는 거야. 시대에 따라 없던 법도 만들어지고 있던 법도 없어지고.

자경 없는데요. 눈을 씻고 보아도 당신이 만들어낸 '가정주부 의무'란 항목이 없어요.

현규 문제는 그까짓 사전에 항목이 있고 없고가 아니야.

자경 말로 하면 될 것을 법에 칭탁하려고 한 저의가 뭐예요?

현규 (이죽거린다) 법이라면 좀 무서워할 줄 알고.

자경 가족을 범죄인 취급한 거, 우습지 않아요?

현규 범죄까지는 아니라도 본분을 다하지 못하고 있는 건 사실 아닌가?

자경 내 본분이 뭔데요?

현규 남편이 밖에 나가서 일을 잘 할 수 있도록 힘을 북돋워 주는 거지. 이건 뭐 관심도 없으니 될 일도 안 돼.

자경 당신은 스스로 회사에 사표를 내고 나왔어요. 다니던 직장에 사표를 낼 때는 미리 옮겨갈 직장을 알아보고 정한 다음에 내는 게 순서예요. 요즘같이 직장 잡기 어려운 때 누가 그리 쉽게 사표를 내요?

현규 내가 입사 동기 놈 밑에서 일을 하게 됐어? 만년 계장만 하면서?

자경 가만히 있었으면 될 것을 친구에게 내가 과장 승진하는데 너 어쩔래? 라고 해 그 친구가 사방에 다니며 운동을 해서 과장 된 거라는 말이 내 귀에까지 들려왔어요.

현규 그 자식이 원래 처가 쪽으로 빽이 있었다구.

자경 그럴수록 조심을 했어야죠.

현규 두고 봐. 내가 사업을 해서 3억을 벌 플랜이 있어.

자경 두 번이나 대리점 내서 한 달도 못 가 문을 닫았지요.

현규 (자경의 책 더미에 한껏 경멸의 눈길을 보내며) 저것들 치울 수 없어?

자경 안 보면 되잖아요.

현규 (역정스레) 보이는데 어떻게 안 봐?

자경 내 오랜 꿈이 책을 한 권 내는 것이었어요. 나이 오십이 넘어 꿈을 이룬 것이 그렇게 못마땅해요?

현규 자꾸 눈에 거슬려. 아무리 좋게 보려 해도 안 돼. 당신 책장과 저 책 뭉치들, 안 보고 살고 싶어.

자경 소화할 방법이 있긴 한데 돈이 들어요.

현규 돈을 벌어도 시원찮은 판에 돈을 들여 책을 처분한다고? 당신 미쳤어? 무슨 일을 해서라도 돈이 되게 하란 말이야. 수입이 되는 일을 하라구. 남자 혼자 벌어서는 살 수 없는 세상인 줄 몰라? 말로만 대학 나온 여자면 뭐해.

자경 철학과 나온 걸 알아주는 데가 없어서 배운 걸 제대로 살리지 못했어요.

현규 그러게 여자가 무슨 철학을 한다구 철학과를 나와, 중뿔나게.

자경 나는 어려서부터 철학이 좋았어요. 철학책이 소설보다 재미있어서 철학사전을 사서 읽는 데 시간 가는 줄을 몰랐어요.

현규 나는 어디 가서 철학과 나온 여자와 산다는 말을 못하겠더라.

자경 아무도 나에게 관심이 없어요.

현규 당연한 거 아냐? (담배를 피우기 시작한다) 뭐 내세울 게 있어야지.

자경 또 위층 엄마가 내려와서 우리 때문에 못 살겠다고 난리치면 어쩌려구요.

현규 여긴 내 집이야. 내 집에서 내가 좋아 피는 걸 지가 뭐라구 따따부따야?

자경 (기침을 한다) 자기 좋자고 남에게 피해를 주면 되겠어요? 자신의 건강에도 해로운 것을.

현규 그게 나야. 고1 때부터 시작한 나의 유일한 낙이라구.

자경 다른 취미거리도 얼마든지 많은데.

현규 책이라면 환장하는 건 병 아닌가?

자경 책은 아무에게도 해를 끼치지 않아요.

현규 피해자가 여기 있어. (가슴을 치며) 난 네 책들을 보면 골치가 아프고 화가 나.

자경 1년에 책을 한 권도 안 읽는 사람이 있는 줄은 몰랐어요.

현규 피차일반이야. 책을 밥 먹듯 하는 여자가 있다는 소릴 들은 적이 없어.

자경 나는 밥은 하루 굶을 수 있어도 하루라도 책을 읽지 않고는 못 살아요.

현규 승준이가 대학 나오고 1년이 넘도록 취업이 안 되는 것도 당신 때문이야.

자경 (놀라며) 그게 왜 나 때문이에요?

현규 좋은 대학을 나왔어 봐. 후진 대학을 나와 취업이 안 되는 거지.

자경 때를 잘못 만난 거죠. 코로나 때문에 세계 경제, 국내 경제가 나빠져서 취업문이 좁아진 거라구요.

현규 책 읽는 열성을 아이한테 쏟았으면 그딴 대학을 갔겠어? (담배를 끈다)

자경 똑같은 환경인데 승희는 좋은 대학에 장학금 받으며 다니는 건 뭐죠?

현규 그야 나 닮아서 머리가 좋으니까 그렇지.

자경 (피식 웃는다) 그래요?

승준. 승희, 외출에서 돌아온다.

승준, 승희 다녀왔습니다. (탁자 왼쪽 의자에 나란히 앉는다)

승희 제가 이온 음료를 한 병 사 왔어요. 컨디션 조절에 그만이래요.

주방으로 가 네 개의 컵과 과자 한 접시를 가지고 온다. 이온 음료를 따라 현규, 자경, 승준의 순으로 권한다. 모두 음료를 기분 좋게 마신다. 사이

승준 엄마. 안젤라랑 상의해 봤는데요. 엄마 책을 홍보할 무슨 방법이 없을까 하고요.

현규 너희는 너희 일이나 해. 승준이는 취업 가능한 데를 더 철저히 알아보고, 승희는 졸업 전에 자격증을 여러 개 따서 졸업하자마자 취업이 되게 준비하라구.

승희 출판사에서 저자가 알아서 하라고 보내온 책 5백부가 베란다에 쌓여 있어요. 엄마가 어떻게 내신 책인데.

현규 너희도 신경에 거슬리지? 그치?

승준 엄마 책은 엄마 희망의 결실이고 땀의 열매예요. 엄마에게 보람이 되어야지 상심거리가 돼선 안 돼요. 볼 때마다 마음이 아파요.

현규 무기는 뒀다 뭐에 쓰려구 아껴?

승희 무기가 뭐예요?

현규 기도 있잖니. 너희 엄마가 제일 잘하는 거.

승희 기도는 엄마와 오빠, 제가 열심히 하고 있어요.

승준 제가 블로그를 개설해서 〈각성한 여성의 빛〉에 대해 자세히 소개를 해볼까 해요.

현규 그럴 시간 있으면 취업에 써먹을 자격증 따는 데 필요한 공부나 해라.

승준 엄마가 내용을 요약해 주시면 제가 MZ 세대 감각으로 올릴게요.

자경 고맙다. 안젤라야, 가브리엘아. (아들딸을 바라보며 말을 잇지 못한다)

현규 수십 년 성당 다니면서 헌금 바친 게 얼만데 그만한 신용도 못 얻었단 말이야?

승희 교우들이 뭐라고 하는지 아세요? 엄마 미사 참례하는 모습이 가장 경건하고 아름다워 보인대요. 우리 본당 교우들 중에서.

현규 그렇다면 당연히 너희 엄마가 책을 내자마자 잘 팔리게 해줘야 되는 거 아니냐? 인정이 있는 사람들이라면 말이다. 너희 엄마 쪽에 문제가 있는 거라면 몰라두.

승준 아빠는 왜 엄마가 하시는 일을 늘 부정적(否定的)으로만 보세요?

현규 내가 언제?

자경 나와 너희 아빠가 다른 점이 뭔지 아니? 나는 남들이 너희 아빠를 좋게 말하면 아주 기뻐. 다행스럽구. 근데 너희 아빠는 누가 나를 칭찬하면 그게 아니라는 듯 얼굴이 벌개지더라. 모욕을 받은 것처럼.

승희 저두 가끔 그걸 느끼고 이상했어요. 아빠가 엄마에 대해 적의를 가지고 있는 것 같은.

승준 (현규에게) 왜죠? 왜 그러세요?

자경 아담의 후예라서 그렇단다.

현규 아담이 누구야? 웬 뼈다귀야?

자경 태초에 하느님이 만드신 남자요.

현규 사람을 만들어? 누가?

자경 하느님이 천지 만물을 지으신 다음 그 만물의 주인이 될 사람을 만드셨는데 첫 사람이 아담이에요.

현규 난 우리 부모님한테서 태어났어.

자경 각자 자기 부모님한테서 태어나지만 위로 거슬러 올라가면 아담과 이브에 닿아요.

현규 아담이 남자라며 어떻게 아이를 낳아?

자경 하느님이 이브를 짝지어 주셨어요.

승희 아빠, 제가 설명해 드릴게요. 하느님이 따먹으면 안 된다고 하신 선악과를 이브가 뱀의 꼬임에 넘어가 따먹고 남편 아담에게도 주어 같이 먹었는데 이브에게 무거운 벌을 내리셨어요. 아이를 잉태하고 낳는 고통과 남편의 지배를 받는 운명을.

현규 (반기며) 그러니까 여자는 남편의 지배를 받게끔 만들어졌다? 그건 맘에 든다.

자경 내가 책에서 다룬 빙엔의 힐데가르트란 성녀가 하느님의 계시를 받아 글로 쓰고 그림으로 그린 〈쉬비아스〉란 책에서 이브를 연록색 구름으로 나타내어 아담이 선악과를 먹은 원인을 아담 자체에 결함이 있어서였다고, 이브 원죄설(原罪說)에 반기를 들었어요.

승준 여자가 주기에 먹었다고 핑계를 대는 것으로 땀 흘려 노동하여 가족을 먹여 살리는 역할을 받은 것이 출산의 벌보다 가벼운 것인지는 남녀의 입장에 따라 다르지 않을까요?

현규 (벌떡 일어나 주먹을 쥐며) 그 아담인가 뭔가 하는 작자 때문에 우리 남자들이 등골이 휘게 나가 일해 처자를 먹여 살리게 되었단 말이야? 에잇, 이 작자 눈앞에 있기만 하면 너 왜 그랬어? 하고 한 대 갈겨

주겠네. (주먹을 날린다)

자경 여자를 폄하하고 억압하고 홀대하고 인간 취급하지 않는 이유가 이브의 원죄 때문이라는 곡해가 만고불변의 정설처럼 고집돼 왔어요. 현대까지.

승희 역사는 항상 남성 위주로 흘러왔잖아요.

자경 작년 가을 어느 날 내가 도서관에서 우연히 〈임윤지당 평전〉을 읽었어. 어려서 할아버지, 할머니한테 조상 할머니 중에 책을 쓰신 학자가 계시다는 말을 들은 게 떠올랐어. 그분이 조선 영조 시대 성리학자 임윤지당(1721~1793)이셨어. 보물을 발견한 기쁨이랄까. 200년도 더 전에 공부를 많이 해 책을 쓴 분이 내 선대 할머니라니, 그날은 내가 하늘을 날 것 같더라. 내 조상 중에 이런 선각자가 계신데 나는 무얼 하고 있는가? 무엇 하는 사람인가? 이렇게 살아서는 안 되겠다는 생각이 불처럼 타올라 미칠 것 같았어.

현규 에이, 당신 조상 할머니 중에 학자가 있다니, 그걸 어떻게 믿어?

승준 저도 엄마가 도서관에서 만난 그 학자가 엄마에게 새 길을 열어 주신 고마운 분이라는 걸 인정하고 싶어요. 엄마에게 용기와 희망을 주셨잖아요. 그 결과가 〈각성한 여성의 빛〉이구요.

현규 기가 막혀서. 넌 저기 저 물건이 얼마나 지금 우리 가정에 걱정거리가 되고 있는지 모르는 거야? (베란다로 나가 씨근거리며 책 더미를 발로 찬다)

승희 아빠, 이러지 마세요. (현규를 말린다)

현규 오십이 넘은 여자가 도서관엘 간다는 것부터 이상한 거야. 그런 데나 가니까 그런 책이나 읽지. 하다못해 요새 너도 나도 딴다는 공인중개사 자격증 따는 공부라도 해 자격증을 따서 한 푼이라도 벌면 내가 업어 주겠다.

자경 그건 수단이 좋고 거짓말도 술술 할 줄 아는 사람들이 하는 일이에요. 내가 할 수 있는 일은 책을 읽고 글을 쓰는 거구요.

현규　그게 글쎄 당장 밥이 되나 돈이 되나?

자경　아담의 후예이신 오현규 님. 피땀 흘려 처자 건사하시느라 수고가 많으십니다. 늘 고맙게 생각하고 있어요. 밥 얻어먹는 것이 마음 편하진 않았어요. 내 밥이라도 내가 벌어서 먹으면 좋겠다는 생각을 늘 해왔습니다. 여자들이 꿈꾸는 자유는 그 '밥을 얻어먹지 않는' 데서 출발한다고 합니다. 자기가 자기 밥을 벌어먹는 여자는 남자의 지배에서 벗어나도 된다는 학설이 나왔어요. 오늘날엔 자기 밥을 벌어먹는 여자들이 점점 많아지기도 하구요. (자신 있게) 나도 내 밥을 해결하기 위해 자격증을 땄어요.

현규　(의외란 듯이) 자격증을 땄다고?

자경　요양보호사 자격증이요.

현규　요양보호사 그거 수입이 얼마나 되나?

자경　많지는 않아요. 다음 주부터 일하러 나가면 당신 점심을 차려주지 못하게 될 거예요.

현규　난 이제까지 여자가 하는 일을 해본 적이 없어.

자경　여자가 하는 일이 따로 없는 세상이에요.

현규　그럼 당신이 생활비를 버는 거야? 야, 듣던 중 반가운 소리네.

승준　엄마는 조상 할머니 학자의 뒤를 이으실 인재세요.

승희　사실 책 한 권 읽고 책을 쓴다는 일이 쉽지 않은데 엄마, 대단하세요. 임윤지당 할머니에 대해 저도 알고 싶어요.

자경　난 한문에 약해서 번역본을 읽고 이해하기도 쉽지 않았지. 임윤지당은 남들이 한 번 읽을 때 열 번 읽었고, 이해되지 않는 것은 천 번이라도 읽고 깨우치기를 게을리하지 않으셨대. 그중에서도 나를 사로잡은 건 '타고날 때부터 부여받은 성품은 애초부터 남자 여자 다름이 없다. 여자도 성인이 될 수 있다.'였어.

현규　성인이라? 어른을 의미하는 건 아니지?

승희　유교에도 성인이 있어요?

자경 '타고난 성품을 잘 갈고닦아 온전한 성품이 되는 경지'를 말하는 거야.

현규 남녀 간에 다름이 없다는 게 말이 돼? 몸 생김새부터 남자와 여자는 엄연히 달라.

자경 선하고 어진 성품을 타고나는 것이 같다는 거죠.

현규 남자는 그릇이 크고 여자는 작아. 간장 종지만 해.

승희 아빠, 그건 편견이에요.

현규 남자에게는 약한 여자가 따라 올 수 없는 힘이 있어.

자경 요즘은 여자라서 할 수 없는 일은 없는 세상이에요. 우주 비행사, 잠수함 함장, 남자가 하는 일은 다 해요.

현규 고속도로 누가 깔아? 바다에 다리는 누가 놓아?

자경 남자가 할 수 없는 일이 하나 있지요.

현규 뭔데?

자경 아기 낳는 거요.

현규 출산의 고통 때문에 여자들이 억울해 죽겠다고 하지 않았어?

자경 세상의 어떤 엄마도 자식을 낳으며 억울하다는 생각은 하지 않아요. 자식을 낳는 것은 여성만이 가진 권리이자 기쁨이에요.

현규 그럼 춤을 춰야 하는 거 아니야?

자경 열 달의 고생 끝에 새 생명을 탄생시키는 여자야말로 고귀한 존재요 잘 만들어진 신의 작품이에요. 여자를 멸시하는 건 누워 침뱉기라구요.

현규 존경할 건덕지가 있어야 하지.

자경 우리나라도 고려 때까지는 아들딸 층하(層下)가 없었다고 해요.

현규 조선이 원수야?

자경 아니오. 최고 양반집 규수 대접 받고 살았을 걸요.

승준 그 할머니같이 엄마도요?

승희 한문으로 책을 썼다는 게 오늘날로 말하자면 영어로 썼다는 거나 마찬가지죠.

자경 집안에 서당이 있었고 남자 형제들과 같이 공부했어. 워낙 총명해서 경서(經書)를 읽고 해석하는 능력이 학자들도 놀랄 만큼 뛰어났었대. 그 재주를 어여삐 여긴 학자 오빠가 〈효경〉〈열녀전〉〈소학〉〈사서〉〈역사서〉 등을 가르쳐 주었어.

승희 허난설헌 시인이 여덟 살 때 지은 상량문(上樑文)이 유명한 거와 비슷한 거네요.

자경 난설헌은 한문으로 시를 지었고 윤지당은 성리학을 탐구한 점이 달라.

승희 시인과 학자, 같은 점은 드물게 머리가 좋다는 것, 다른 점은 시인이 감성이 풍부했고 학자는 이성적이었다는 것.

현규 남편이 여편네가 학문한답시고 책을 끼고 있는 꼴을 보고만 있었대? 밸 없이?

자경 스물일곱 살 때 남편이 병으로 세상을 떠났어요. 하나 낳은 아이는 어려서 죽었구요.

현규 체, 박복(薄福)한 여자군.

자경 남편이 큰집으로 양자를 가서 시어머니 두 분을 모셔야 했어요. 병든 시부모 세 분이 모두 세상을 뜨고 난 뒤 47세에 학문에 몰입했어요.

승준 의지가 굉장히 강한 분 같아요.

자경 낮에는 집안 대소사 일을 하고 밤에 등잔불 아래서 책을 나직이 소리 내어 읽었어. 식구들조차 윤지당이 학문하는 여인인 줄을 몰랐다는 거야. 내색조차 하지 않았으니까.

현규 흥, 의지할 데가 없으니 책을 남편 겸 자식으로 여기고 산 거란 말이지?

자경 같이 공부하여 오라버니와 남동생은 과거를 보아 벼슬길에 나아갔는데 자신은 여자로 태어나 과거 같은 건 꿈도 못 꾸고 마는 게 슬프고 원통하지 않았을까요? 그러기에 자신을 무력한 여자에 그칠 수 없다고 스스로를 격려하고 채찍질한 게 아닌가 싶어요. 한 수 아래로 보는 아녀자가 될 수 없다, 되어서는 안 된다고 자신을 일으켜 세우기 위해 밤늦도록 책을 읽고 또 읽었을 정경을 생각하면……

현규 오늘날 여자들은 TV 보는 걸 낙으로 삼고 살잖아. 내가 TV를 맘대로 보게 하는 걸 고마워하라구.

자경 21세기 자유민주주의 대한민국에서 TV도 맘대로 못 보게 하는 독재자가 있단 말이에요?

현규 반찬 가짓수, 종류 정해 주고, 가계부 검사하는 남편도 있는 거 몰라? 난 양반이야. 당신이 그 뭐 임 뭐라는 여자였다면 어땠을까? 남편 없는 자유 만세를 불렀겠지?

자경 남편을 잃고 만세를 부르다니, 말도 안 돼요. 내가 그분에게 배우고 싶은 건 절망하지 않고 자기 학문의 길을 개척한 점이에요.

승희 그분이 과학에도 관심을 가지셨었다구요?

자경 그래. '지구는 둥글다'는 지구구체설(地球球體說)을 주장한 거야. 경서만 읽고 해석한 게 아니라 지구의 형태를 파악하려고 노력했다는 게 놀라워.

승준 지구의 형태라면 과학인데 어디서 그런 정보를 얻었을까요?

자경 지구 반대편에도 이쪽 세계와 비슷한 또 하나의 세계가 있을 것 같다는 추측을 한 거지. 하늘과 땅이 달걀 모양으로 함께 돌아가는 게 아닐까 하는. 나도 비슷한 경험이 있어. 우리 고향 마을에 저수지가 있었는데 둑에 앉아 물을 바라보면 물속에 저 위의 하늘과 똑같은 둥근 하늘이 있는 거야. 저 하늘 위에 이 세상과 같은 또 하나의 세상이 있다면 저 물속에도 똑같은 또 하나의 세상이 있지 않을까 생각했더랬어.

승희 (놀라워하며) 엄마도 임윤지당과 같은 생각을 하셨다는 게 전 더 놀라워요. 엄마도 학자가 될 자질을 타고나셨다는 거잖아요.

현규 너희 엄마 고향은 바다가 없는 충북에서도 외진 마을 산덕리야.

승준 바다가 없는 데서 태어나면 큰 생각을 할 수 없다는 거예요?

현규 바다를 보고 산 나와 못 보고 산 너희 엄마, 많이 다르지 않니?

승준 서산과 청주의 차이? 모르겠어요.

자경 그분이 청주 옥화대에서 살았다는 사실에 친밀감이 느껴져.

승희 200여 년 전에 사신 조상의 DNA가 우연이면서 필연적으로 후손에게 발현된 거네요.

자경 그래, 발현이야. 에피파니(Epiphany)에 대해 아니?

승희 엄마가 에피파니를 50개 모으자고 써 붙이신 건 보았지만 무엇을 모으는 건지는……

자경 신의 현현(顯現)을 이르는 거야.

승희 신의 현현이라면 하느님이 나타나신다는 거예요?

자경 순간 번쩍 하는 깨달음을 주시는 거지.

승희 눈앞에 보이는 거예요?

자경 정신이 몽롱해지면서 한 여인이 내 앞에 서 있는 게 보였는데 누구인지 확실하지는 않았어. 난 늘 성모님이 나에게 한 번만이라도 나타나 주셨으면 하는 소망을 가져왔는데 언젠가 한 번 성모님의 하늘색 치맛자락을 본 것 같은 기억이 있어.

승희 저도 성모님을 한 번 뵈었으면……

자경 나에게 정신적인 멘토가 있으면 얼마나 좋을까 생각해 왔지만 영 주어지지 않아 실망하면서도 기다리는 일을 포기하지 않았어.

승준 엄마는 늘 기도가 바로 이루어지지는 않지만 언젠가는 이루어진다고 끊임없이 기도하라고 저희들에게 말씀하셨죠. 엄마의 기도가 통한 거네요. 축하 드려요.

승희 우연히 미장원에 갔다 근처에 있는 도서관에 들렀다. 거기에서 은인을 만났다!

자경 내가 모아 온 에피파니 중 가장 좋은 에피파니야. 나도 아주 쓸모

없는 존재는 아니라는.

승준 엄마의 가치를 세상이 알아주지 않아서 그렇지 엄마가 축적하고 있는 지식이 얼마나 값진 것인지를 알기만 하면 엄마는 세상의 누구보다도 가치 있는 분이세요.

자경 멸시받는 지식인인 엄마를 대단하게 보는 두 자식을 저에게 주신 주님은 찬미 받으소서.

승희, 승준 아멘.

현규 성당 다닌다고 아주 짝짜꿍이 맞아요.

자경 부러우면 당신도 다니세요.

현규 내가 성당엘? 일 없어. 난 성당에 다니지 않아도 죄 안 짓고 사니까.

승희 천주교 신자에게는 남들에게 하느님을 알고 믿게 하는 전교(傳敎)의 의무가 있는데요. 가족이 우선이에요. 아빠가 외인(비신자)이라면 '열심인 민소피아가 남편을 입교시키지 못한 거야?' 하고 이상하게 생각할 거예요.

현규 너희 엄마가 남자를 하수(下手)로 보는 책만 찾아 읽고 연구를 한다는 자체가 정상이 아니다. 성경에 그렇게 쓰여 있냐?

승준 '아내는 남편을 존중하고 남편은 아내를 제 몸 같이 사랑하라.'고 가르치고 있어요.

승희 아빠가 성당에 다니시게 해달라고 포기하지 않고 기도하시는 엄마를 모르세요?

현규 백날 기도해 봐라. 내가 거길 왜 가? (모욕 받은 듯이 불쾌한 표정을 짓는다)

자경 어느 시점에 이르면 당신께도 하느님의 초대가 있으실 거예요. 당신이 가고 싶어서 가는 게 아니라 하느님이 부르시는 거니까요.

현규 다른 사람이나 부르라고 해. 난 취미 없어.

승준 우리도 거실에 십자고상(十字苦像) 좀 모셔 놓고 살 날이 왔으면 좋겠어요.

승희　　아빠도 부르심을 받으시면 가능할 텐데. 엄마, 에피파니 얘길 더 듣고 싶어요.

자경　　윤지당 공부를 하면서 사상적으로 통하는 여성을 찾다가 힐데가르트 성녀를 알게 되었어.

승희　　성녀라면 서양의 수도자 중 한 분일 텐데요.

자경　　임윤지당의 '여자도 성인이 될 수 있다. 남녀의 본성에는 차이가 없으니 누구든지 노력하면 성인이 될 수 있다.'와 아담이 타락한 원인을 '이브가 유혹해서가 아니라 아담 자체에 잘못이 있다.'고 한 탁견(卓見)이 딱 맞아떨어지는 지점을 발견한 거야.

현규　　힐덴가 할덴가 하는 그 여자가 뭐기에 자꾸 이야기하는 거야? 보물이라도 돼?

자경　　그분이 우리 여성들의 천년만년 묵은 한(恨)을 풀 수 있는 이야기를 해 주었기 때문에 고마워서 밤낮없이 그려보게 돼요.

현규　　남편을 좀 그렇게 생각해 봐라.

자경　　여자를 다만 남자라는 이름으로 억압하는 사람은 당하는 여자의 깊은 상처를 이해하지 못합니다. 산고(産苦)를 겪지 않기 때문에 그것이 얼마나 고통스러운지 모르는 것처럼.

현규　　나라가 다르고 사는 게 달라. 여기는 한국이라구.

승희　　남자와 여자가 똑같은 존엄성을 지닌 사람이라는 걸 주장했다는 점에서 두 분은 깨어 있는 지성이고 우주에 관심을 가진 공통점까지, 동서양을 초월한 인물 중 인물이세요.

자경　　무한한 공간과 유구한 시간 곧 우주에 대해 알고 싶어 시공을 뛰어넘은 세계를 꿈꿨다는 거야. 남자도 미치지 못하는 세계를 열어보고 싶어 한 상상력, 경이롭지 않니?

승희　　남자였다면 다산(茶山) 선생같이 큰 족적을 남긴 학자가 되었을 것 같아요.

자경　　끊임없이 자신을 채찍질했어. 칼날을 더욱 날카롭게 벼리어 마음을 어지럽히는 잡된 생각을 깡그리 베어버리자고.

현규 생각 많은 여자 그거 골칫거리야. 여자는 그저 예쁘고 고분고분하고 말 없고 조신하면 되는 거야.

자경 엊그제 우연히 음악방송에서 소프라노 임선혜가 부르는 〈성령(聖靈)의 불꽃〉을 들었어. 반주는 바이올리니스트 양인모가 했는데 둘 다 우리 교우야.

승희 하모니가 멋졌겠어요.

자경 (환한 미소를 지으며) 그 〈성령의 불꽃〉이 힐데가르트 성녀가 작곡한 오라토리오라는 거야. 선율이 바이올린이 부서질 듯 격렬했어. 성령이라고 하면 하느님이 우리에게 주시는 사랑으로 아는데 '불꽃'이라니. 현대 작곡가의 작품이라고 해도 손색이 없을 만큼 좋았어. 신학자에 화가에 작곡가라니, 부러워서 눈물이 나.

현규 흥, 눈물 날 일도 많다. 부모가 죽어도 안 우는 세상에 웬 눈물?

자경 난 풍부한 예술적 재능을 타고나서 그걸 살리는 교육을 받고 그 재능을 활짝 꽃피우며 사는 사람이 부럽더라.

현규 그 산골에서 피아노 구경이나 해 봤어?

자경 (조용히 일어서서 무대 중앙으로 나서며 나직이 노래 부른다) 주 예수 그리스도와 바꿀 수는 없네./ 이 세상 부귀영화와 권세도/우리를 위하여 돌아가신/ 예수의 크옵신 사랑이여. (두 팔로 하트 모양을 그리는 동작을 시작하다 현규의 날카로운 눈길에 부딪쳐) 아, 여기서 안 되는 것 중의 첫째가 주님을 찬미하는 노래나 동작이지? (딱 멈추고 의자에 앉는다)

승희 예술에 아무 취미가 없는 아빠가 예술 애호가인 엄마를 이해하지 못하는 건 당연한 일인지도 몰라요. 책이나 음악보다 술과 담배를 좋아하는 아빠. 제가 어느 책에서 봤는데요. '남자는 자궁이 없기 때문에 이기적'이래요.

자경 그래. 여자는 생명을 잉태하여 새 생명을 키워내는 자궁을 가지고 있지.

현규 여자 혼자 잉태를 하나?

자경 남자는 생명을 잉태케 하는 씨를 제공할 뿐 직접 키워내지는 않아요.

현규 땅에 씨가 떨어져야 싹이 나고 열매를 맺는다구.

자경 땅이 없으면 씨는 어디서도 싹이 틀 수가 없어요.

현규 씨가 먼저냐 땅이 먼저냐? 씨가 먼저지.

자경 씨가 없어도 안 되고 땅이 없어도 안 되는 거예요. 남자와 여자는 서로 꼭 있어야 할 존재이니 무시하거나 핍박할 것이 아니라 아끼고 존중해야 한다는 거죠.

현규 갈수록 여자들이 남자에 맞서려구 날뛰는 거 눈꼴시어 못 봐. (이리저리 왔다 갔다 하다가 자경의 서가로 가서 〈하이데거 극장 1, 2〉를 가지고 나온다) 이건 뭐야? 얼마 주고 산 거야? (책값을 확인하고) 8만 6천 원? 이딴 걸 왜 사? (종주먹을 댄다) 밥이 되니? 옷이 되니? 한우 몇 근 값이야? 내 담뱃값 하고 술값은 아까워하면서 네 책은 십만 원이 껌값이냐? 가족의 건강을 책임져야 할 주부가 할 짓이야? (〈하이데거 극장〉을 힘껏 내동댕이친다)

자경 (하얗게 질려) 인간 오현규가 어떤 존재인가를 존재론적으로 알게 해 준 책인데.

승희 아빠, 이건 엄마에 대한 모독이에요. (널브러진 책을 집어 탁자 위에 놓는다)

현규 맨날 남의 책을 읽어서 얻은 게 뭐야?

승준 책을 쓰셨잖아요.

자경 이룬 게 없어서 나도 화가 나요. 어떤 땐 다 그만두고 싶었지만 할 줄 아는 게 없어서.

자경의 핸드폰이 울린다. 자경, 전화를 받는다.

자경 응. 봐야 알지. 아직……두고 봐야지. 응, 고마워. 알았어.

현규 당신 왜 쩔쩔매? 무슨 죄 지었어? 성당 다니면 고해성산가 뭔가 보면 지은 죄도 없던 걸로 된다며? 무슨 죄를 지었기에 얼굴이 그 모양이냐구? (소리 지른다)

자경 아무것도 아니에요.

현규 말하라구. 누구한테 무슨 잘못을 저지른 거야?

자경 내가 해결할 문제예요.

현규 당신은 주변머리가 없어서 단돈 만 원도 누구한테 융통을 못 하는 사람이잖아.

자경 친구한테 5백만 원을 빌렸어요.

현규 (버럭) 뭐에 쓰려구? 친구한테 빌려서 책을 냈단 말이야?

자경 어쩔 수 없었어요.

승준 엄마, 아빠한테 얘기하지 그러셨어요. 아빠 수중에 돈이 없는 것도 아닌데 왜 남한테 빌려요?

자경 말하고 싶었지만 입이 안 떨어졌어. 거절을 당하면 슬플 것 같아서.

승희 아빠는 엄마한테 물어보기라도 하셨어요?

현규 내가 주지 않을 거라고 단정하는 게 너희 엄마 본심(本心)이다.

승희 미리 관심을 가지고 책 출판 비용으로 쓰라고 5백만 원을 엄마에게 주셨다면……

자경 자기밖에 모르는 줄 안 사람이 내 생각을 이렇게 해 주는구나. 고마워요, 고마워요. 엎드려 절했을 거야. 주님, 감사합니다. 저의 장부의 마음에 온기가 돌게 해 주셔서……

현규 곧 죽어도 남편보다 네 하느님이 위냐?

승희 아빠가 좀 갚아 주시면 안 돼요?

현규 내 퇴직금은 내가 피땀 흘려 직장생활 하고 받은 돈이다. 그런 데 쓸 돈이 아니야. 사업 자금으로 모자라. 여편네가 남편 몰래 돈을 빌려? 왜 그딴 짓을 해? 생전 안 하던 짓을 하구 꼴좋다. 앞으로 한 달 여유를 준다. 저 물건 내 눈에 안 보이게 하지 않으면 내가 재활용장에 갖다 버린다!

자경 (파랗게 질린다) 어떻게 그런 말을…… (부들부들 떤다)

승희 (경악을 금치 못하여) 아빠, 책이 무슨 죄예요?

승준 (눈물을 글썽이며) 삼십 년 가까이 우리 가족을 위해 헌신하신 엄마의 노동 가치가 5백만 원도 안 돼요?

승희 오빠, 우리가 적극적으로 방법을 모색해야겠어. 엄마가 슬픔의 강에서 벗어나시게.

승준 엄마의 애타는 마음을 아무도 몰랐다는 게 송구스러워요.

승희 세상의 모든 무관심, 방치, 배척, 너무 눈치 없음 같은 건 우리 집안엔 없는 거예요. (베란다로 가서 책 뭉치를 하나 갖다 탁자 위에 놓으며) 문제는 해결하라고 있는 거니까 해결하면 돼요. 책은 전국 도서관에 기증하구요. 5백만 원은 아빠가 일단 엄마한테 융자해 주세요. 그럼 저와 오빠가 갚을게요.

승준 (반기며) 역시 우리 승희는 해결사야.

승희 우리, 엄마 책 출정식을 합시다. 전국 방방곡곡 도서관에 가서 여러 사람에게 읽혀 조그만 빛이라도 된다면 엄마의 삶은 헛된 것이 아니에요. 아빠, 우체국 가는데 차는 빌려주실 거죠? 기름 값 아까워서 거절하시는 거 아니죠?

현규 (얼떨떨하여) 차야 뭐……

승희 엄마, 기죽지 마세요. 우린 빛의 자녀예요.

승준 내일부터 나도 뭐든지 할게.

자경 행복하게 살아도 짧기만 한 인생을 서로의 마음을 알지 못하고 돌을 던지면서 쓸쓸하게 사는 것보다 어리석은 건 없어요. 저녁 드셔야지요? (주방으로 간다)

현규 고기 좀 먹자.

–막

사랑받지 못한 여인의 노래

등장인물

난설헌
성립
송 씨
섬이
재립

때
조선 중기

곳
난설헌의 시댁

무대
기품 있는 양반가의 안채.
무대 중앙에 대청이 있다.
오른쪽에 시어머니 송 씨가 기거하는 안방이 있다.
왼쪽에 난설헌이 기거하는 건넌방이 있다.
대청 문 너머로 규모 있게 잘 가꿔진 후원이 보인다.

강변 모래밭과 두 아이 무덤은 영상과 소품으로 대신한다.

막이 오르면

1, 강변 모래밭

난설헌, 이리저리 웅덩이가 있던 지점을 찾아 헤맨다. 아무 데도 웅덩이는 없다.

난설헌 우리 윤이를 데려간 웅덩이가 어디 갔네. 왜 거기 있어 내 자식을 품에 안지도 만지지도 못하게 했느냐고 물어볼 참이었는데 감쪽같이 사라졌어. 이 못된 웅덩이야, 어디 갔니?

난설헌, 모래 속에 두 손을 집어넣는다. 옆으로 쭉 밀고 나간다.

난설헌 석 달 열흘 장마가 져서 이 모래가 다 떠내려가도 내 한(恨)은 안 풀려.

난설헌, 모래를 집어서 사방으로 홰홰 뿌린다.

난설헌 (허공에 대고 한 번) 윤아! (모래밭에 대고 한 번) 윤아! (목메어 부르며 빙빙 돌다 쓰러진다)

2, 대청마루

송 씨가 꼿꼿하게 앉아 난설헌을 노려보고 있다. 난설헌은 송 씨 앞에 무릎을 꿇고 있다.

송 씨 너 지금 어디 보냐?

난설헌 아무것도 안 봅니다.

송 씨 네 눈에 내가 안 보인다는 거냐?

난설헌 어디라면 먼 데를 말씀하시는 줄 알고.

송 씨 넌 그게 문제여. 항상 딴생각만 하는 거. 넋을 놓고.

난설헌 넋을 놓지 않으려고 제가 얼마나 애쓰는지를 아신다면 그런 말씀 못하시지요.

송 씨 (종주먹을 대며) 내 금쪽같은 손자를 둘이나 잡아먹은 주제에, 뭣이 어쩌고 어째?

난설헌 어머님이 무슨 말씀을 하셔도 참아왔지만 저를 자식 잡아먹은 어미라 핍박하시는 건……

송 씨 작년에 선이를 잃은 건 돌림병 때문에 어쩔 수 없었다고 치자. 올해 강가에서 윤이를 잃은 건 말이 되는 소리냐?

난설헌 저도 불가사의합니다. 왜 그곳에 물웅덩이가 있고, 윤이가 거기에 빠졌는지……

송 씨 강가에는 왜 갔어?

난설헌 아비가 강가에 집을 짓고 과거 공부한 지는 오래 됐지만 저는 가본 적이 없어요. 어디쯤일까. (사이) 요즘엔 집에도 잘 오지 않는데 공부에 매진하노라 틈이 없는 것일까. 윤이가 아빠 언제 오느냐고 보채기에 막연히 찾아 나선 길이었어요.

송 씨 아녀자가 다소곳이 장부를 기다리는 게 법도거늘 게가 어디라고 찾아 나서?

난설헌 윤이가 아빠를 몹시 보고 싶어 했어요.

송 씨 윤이 손을 왜 놓았어?

난설헌 저는 윤이 손을 놓은 기억이 없습니다.

송 씨 너는 밤낮 시 나부랭이나 생각하는 게 병이여, 이것아. 내가 누누이 일렀다. 네가 목을 매는 시는 아무것도 아니라구.

난설헌 전 길쌈이며 바느질, 다 합니다.

송 씨 닷새 무명 그것도 길쌈이라구? 딴 집 며느리들은 열세 새 명주도 척척 짜 내는데, 흥.

난설헌 길쌈은 어떻게 해서라도 잘하도록 노력하겠습니다.

송 씨 무슨 생각을 하느라구 윤이를 챙기지 않았어?

난설헌 모래사장에 웅덩이가 있는 줄을 어떻게 알았겠어요.

송 씨 머릿속에 쓸데없는 생각만 가득하니까 자식두 잃어버리는 거여. 너란 위인이……

난설헌 아무려면 열 달 뱃속에 품어 낳은 제가 어머님보다 덜 애통할까요.

송 씨 우리 집 대를 이을 장손을 놓친 주제에 애통을 떠벌일 염치가 있니?

난설헌 어머님은 제가 앉으면 앉는다고, 서면 선다고 타박을 하셔요.

송 씨 너한테는 자식보다 아무짝에두 쓰잘 데 없는 그 시가 중한 거여.

난설헌 자식보다 중한 게 어디 있어요?

송 씨 자식 중한 걸 아는 에미가 자식을 죽여?

난설헌 (목이 메어) 제가 어떻게 자식을 죽여요? 아닙니다.

송 씨 아니면 당장 윤이를 내 앞에 데려다 놔.

난설헌 (흐느끼며) 그럴 수만 있다면 제가 더 좋겠어요. 그렇게 해주세요. 어머님이.

송 씨 니가 해. 당장 데려와. 우리 윤이, 당장 내 앞에 데려오라구.

난설헌 저한테 자꾸 억지 말씀을 하시면 어떡하라구요?

송 씨 시어미 말뜻을 헤아리지 못하는 숙맥이냐 너?

난설헌 (시어머니의 비웃는 표정에 질려 말이 막힌다) 저를 바보 취급해야 속이 시원하세요?

송 씨 시 나부랭이나 끼적거린다구 뭐나 되는 줄 아는 모양인데, 뒷산 바위가 웃을라.

난설헌 알아달라구 하지도 않았는데 왜 무시하세요? 아무 관심도 없으시면서……

송 씨 널 봐준 건 몸이 약해서 포태(胞胎)를 못할 줄 알았는데 선이와 윤이를 낳은 때문이었어. 아니면 넌 벌써 쫓겨나고도 남았지. 니가 우리 집안에 와서 한 일이 무어냐?

난설헌 ……

송 씨 너 설마 애비가 과거 공부를 줄창 하고 있는 걸 우습게 아는 거냐?

난설헌 아닙니다. 이번에는 꼭 급제하라고 빌고 또 빌어 왔습니다. 매일 정화수 떠 놓고.

송 씨 네 정성이 부족한 거여. 사대나 과거 급제를 해온 우리 집안인데 이리 늦는 건 아무래도 네 헤살 때문이라구.

난설헌 공부는 스스로 하는 것이지 남이 해주는 게 아닙니다.

송 씨 하늘같은 남편을 섬기는 정성이 부족한 걸 모를 줄 아느냐? 네 친정 오라비들이 잘나간다고 네가 교만한 걸 내 다 안다.

난설헌 (필사적인 어조로) 어머님은 왜 저를 자꾸 이 집안에서 떼어 놓으려 하십니까? 저는 이 집안에 시집 왔습니다. 이 집 사람입니다. 저를 왜 없는 사람 취급하세요?

송 씨 소박데기가 갈 곳이 있는 줄 아니?

난설헌 저를 소박데기라구요?

송 씨 네 분수를 알란 말이다.

난설헌 어머님도 판서 댁 따님이시라 훌륭한 훈도(薰陶)를 받으셨잖아요.

송 씨 양반 지체로야 막상막하다만 네 친정은 너무 여식한테 후한 게 병이 된 거여. 언문이나 깨쳐 보내지 어려운 한문까지 가르쳐 득된 것이 무엇이냐? 오늘날 이 분란이 다 니가 남정네나 할 공부라는 걸 한 탓 아니냔 말이다.

난설헌 배웠다고 해야 벼슬에 나아가는 것도 아닌데 무슨 빛이 나겠습니까. 아무것도 아닙니다. 알아주는 이 아무도 없어요. 저 혼자 하는 거예요.

송 씨 지필묵을 버려라. 다시 안 쓰겠다고 약속해.

난설헌 저는 그럴 자신이 없어요.

송 씨 안 하면 되지 뭔 말이 많어?

난설헌 저에게 유일한 낙인 걸요.

송 씨 아녀자가 자식 잘 키우는 본분 말고 어디서 낙을 찾어? 꼴같잖게.

난설헌 저는 그냥 하나의 사람입니다. 인격을 가진.

송 씨 인격이 뭐라냐? 그게 돈이냐? 명예냐? 체면이냐?

난설헌 아가씨가 시집에서 저 같은 대접을 받으면 좋으시겠어요?

송 씨 (딸과 며느리가 같을 수는 없다는 자신감에 차 크게) 너랑은 천지 차이지. 아들을 넷이나 낳아 참대같이 잘 키운다. 고것들, 눈에 넣어도 안 아픈 내 강아지들.

난설헌 (일어나서 조용히 새와 나비가 나는 동작을 한다) 새가 되어 날아갈까요? 나비가 되어 날아갈까요? 정한(情恨)이 굽이굽이 서리는데 풀지 않고 어찌 삽니까?

송 씨 이건 또 뭬여? 너 기생이나 추는 춤까지 배웠니?

난설헌 (간절히 있는 힘을 다해) 많이는 바라지도 않아요. 어머님. 조금만, 아주 조금만, 제가 남들과 다르다는 것을 이해해 주시면 안 될까요?

송 씨 남들 다 잘만 키우는 자식을 너는 둘이나 잃었어. 모자라두 한참 모자란 것 같으니라구.

난설헌 아드님을 생각하세요.

송 씨 (폭발한다) 성립이 탓을 하는 거냐? 가문을 빛내기 위해 공부만 하는 애를 네까짓 게 감히. (부르르 떨며 이를 앙다문다)

난설헌 그이가 공부만 하는 것이 장하지요. 언젠가는 과거에 급제할 날이 올 테니까요. 아들이 하는 일이 장하면 며느리가 하는 일도 십분의 일쯤 봐줄 수 있는 거 아닌가요?

송 씨 니가 언감생심 성립이와 비교가 되니? 그 애는 우리 집 장남이다. 안동 김씨 누대 종가의 맏아들! 그 애는 하늘이여.

난설헌 하늘이 중한 만큼 땅도 귀한 겁니다.

송 씨 입 아프다. 여러 말 말고 니가 스스로 이 집을 나갈지, 아니면 버티다가 쫓겨날지를 결정하거라. 대종가의 손(孫)을 끊어 놓은 대죄인을 더는 참고 볼 수 없다. (휭하니 찬바람을 일으키며 안방으로 들어간다)

3, 난설헌의 방(건넌방)

난설헌, 시를 읊조리며 화선지에 써 내려간다.

하늘거리는 창가의 난초 잎들이
어쩌면 저다지도 향그러울까.
가을바람 잎새에 한 번 스치고 가면
슬프게도 찬 서리에 시든다지만
빼어난 그 모습은 이울어져도
맑은 향기만은 끝내 죽지 않아라.

-*1 〈난초 내 모습〉

사이

난설헌, 그리움에 사무쳐 그네를 타는 동작을 하며 훨훨 날고자 하나 날아지지 않아 주저앉는다.

4, 난설헌의 방

섬이 (장지문 밖에서) 아씨, 친정댁에서 사람이 왔는데요.

난설헌 (장지문을 열고) 어디? 누가 왔어?

섬이 (보자기에 싼 것을 건네며) 이걸 주고 돌아갔어요.

난설헌 (섬이 건네는 것을 받아들며) 밥이라도 먹여 보낼 걸.

섬이 바쁘다고 그냥 갔어요.

난설헌 할 수 없지. (보자기를 푼다. 안에서 붓통이 나온다) 하곡(荷谷) 오라버님이 보내셨네. 오라버님이 서찰까지. (감격하여 하곡의 서찰을 펴서 읽는다)

신선 나라에서 예전에 내려주신 글방의 벗
가을 깊은 규중에 보내어 경치를 그리게 하노라.
오동나무를 바라보며 달빛도 그려보고
등불을 따라다니며 벌레나 물고기도 그려 보아라.

-*2 하곡 허봉의 〈누이 난설헌에게 붓을 보내며〉

난설헌, 화선지를 펴놓고 그림을 그린다. 맨 앞에 큰 나무, 차차 작은 나무들이 줄지어 서 있고 그 옆에 집 한 채, 마당에서 한 선비가 어린 딸의 손을 잡고 하늘을 날아가고 있는 새 여덟 마리를 쳐다보고 있다. 저만치 산들이 보인다. (〈앙간비금도(仰看飛禽圖)〉 참조)

난설헌 여자는 죽으면 새가 된다지? 나처럼 훨훨 나는 새가 부러운 여인들이 많은가?

5. 난설헌의 방

성립, 왈칵 장지문을 열고 들어온다. 난설헌, 깜짝 놀라 화선지와 벼루, 붓 등을 휘장(揮帳) 뒤로 치운다.

난설헌 오셨어요.

성립 백날 천날 그 짓이냐?

난설헌 지난번에 새 옷 지어 섬이 편에 보내드렸는데 안 입으셨네요.

성립 집에 없을 줄 알았는데 아직 있어?

난설헌 제가 없기는요.

성립 (아랫목에 앉으며) 거기 앉어. 할 말이 있어.

난설헌 (윗목에 앉는다) 뭐 급히 필요한 게 있으세요?

성립 여편네가 시 짓는다구 대단한 선비나 되는 양 차리구 앉아 있는 꼴 더는 못 봐.

난설헌 안 계실 때만 하는데요.

성립 다 치워. 안 보이게 하란 말이야.

난설헌 학문 하시는 분이 책을 원수 보듯 하시다니요.

성립 나 김성립이 바라는 건 여편네가 책을 읽고 시를 쓰는 게 아니야.

난설헌 저도 모르지는 않습니다.

성립 십년을 살았어도 너는 나를 몰라.

난설헌 저를 아세요? 얼마나?

성립 아이를 둘이나 잃고서도 미안한 줄도 모르고 뻔뻔한 것 같으니라구.

난설헌 아이들을 이뻐해 주신 건 알아요. 아주, 가끔 오셔서 한 번씩 안아 주셨지요. 아이들은 아빠를 좋아했는데……

성립 문중에서들 난리야. 이러다 우리 집안 절손(絶孫) 되는 거 아니냐구. 대종갓집이니까 당연히 걱정들 하시는 거지. 대책을 마련하라는 거야. 유식한 당신이 칠거지악(七去之惡)을 모르진 않겠지? 칠

거지악의 첫째 허물이 시부모에게 불손한 것, (눈을 흘긴다) 둘째 허물이 남의 집안 대를 끊어 놓는 거야.

난설헌 서방님이 보아 온 여자를 들이겠다는 건가요?

성립 (찔끔하지만 짐짓 아닌 체) 내가 보아 온 계집이 어디 있어?

난설헌 저도 귀가 있어 듣고 있답니다.

성립 쓸데없는 말 그만 하구, 나 없을 때 깨끗이 사라져 줘. 나도 이제 집에 들어와야겠어.

난설헌 언제든 돌아오세요.

성립 이 집에 난설헌이란 여자가 있는 한 나는 집에 들어오고 싶은 마음이 없어.

난설헌 뭐가 그리 못마땅하세요?

성립 내가 누차 책을 버리라구 했다. 안 보이는 데루 치우든지, 불살라 버리든지. 난 내 책만 봐두 골치가 아픈 사람이야. 여편네 책까지 봐야겠어?

난설헌 안 보이는 데루 치울게요, 당장.

성립 이제 소용없어. 이태백, 두목지를 사모한다며? 그 사람들 만나서 살림 차리지 그래?

난설헌 (자기도 모르게 웃음이 나온다. 속으로) 자기가 딴 이와 살림차리고 싶으니까 남도 그런 줄 아네.

성립 너 웃었니? 내 말이 우스워? 지체는 너희 집만 높은 게 아니거든. 우리 집안도 짱짱한 양반 가문이야.

난설헌 대단한 가문이지요.

성립 우리 아버지와 너의 둘째오빠가 동문수학한 터라 우리 혼사가 이루어진 걸 어쩔 수 없어서 봐준 건데 가문에 큰 우환을 불러 온 너를 더 이상 보고 싶지 않아.

난설헌 서방님은 제가 선이와 윤이를 잃고 기댈 데 없는 심정을 위로해준 적이 한 번도 없어요. 남이라도 차마 그렇게는 못할 겁니다.

성립 죄는 네가 지은 거야. 강변에 가 한눈팔다가 윤이를 잃어 놓고 칭찬을 바란다면 그게 사람이냐?

난설헌 남들도 얼마나 상심이 크냐고 위로를 해 주었어요.

성립 나는 심정이 안 상한 줄 아나?

난설헌 서방님 상심이 크셨을 줄도 압니다. 그 점은 죄송하게 생각해요. 무슨 그런 우연이 있는지…… 모래밭에 웬 웅덩이가 파여 물이 고였는지…… (고통스러워 말끝을 맺지 못한다)

성립 강변에는 누굴 만나러 간 거지?

난설헌 윤이가 아빠를 보고 싶어 하기에 혹시, 서방님이 산보 나오실까 해서……

성립 거짓말. 내가 아니겠지. 꿈속에서도 사모하는 어느 놈이겠지.

난설헌 아무리 제가 미워도 말도 안 되는 억지는 제발.

성립 저 시 더미 다 태워 버릴 수 있어?

난설헌 그건……

성립 못할 거야. 나보다 더 좋아하는 물건이니까. (사이) 집이라구 와야 무슨 재미가 있어야 살지. (일어선다)

난설헌 저녁 드시구 주무시구 가세요. 오랜만에 오셨는데 어머님하구 말씀두 나누시구요.

성립 네가 한 밥, 안 먹어.

난설헌 서방님 좋아하시는 연근을 캐다 놨는데, 조림해 드릴게요.

성립 내가 한 말 명심해. 네가 없어야 내가 과거에 급제할 것 같아. 우리 집 대를 이을 명이 긴 아들두 낳구.

난설헌, 장롱에서 성립이 입을 새 옷을 꺼내 놓는다.

난설헌 옷 갈아입으세요.

성립 나 너 그 말투에 질렸어. (강하게) 세요, 세요. 명령하는 거야, 뭐야?

내가 누구 명령이나 받구 살 사람 같애?

난설헌 세요는 경어입니다. 저는 서방님한테 꼬박꼬박 경어를 쓰고 서방님은 처음부터 반말을 썼지요. 제가 수하 사람입니까?

성립 이렇게 하세요, 저렇게 하세요. 숨이 막힌다구.

난설헌 내외간에 서로 경어를 쓰는 분들도 있다고 들었습니다.

성립 그런 사람하고 살면 되겠네.

난설헌 야, 물 가져와, 벽력같은 그 소리는 제게 날아온 것이었지요. 뜨거운 유기 숭늉 대접을 쟁반에 받쳐 들고 있던 저는 놀라서 쟁반을 놓쳤습니다. 발을 데어서 오래 고생을 했구요.

성립 섬이가 부엌에 있는지 없는지 내가 어떻게 알어?

난설헌 아가씨 산후 조리하라고 바리바리 싸서 초월리에 보낸 걸 온 식구가 알고 있었지요.

성립 너는 쓸데없는 거 기억하는 데 도사여.

난설헌 친정에서는 결코 있을 수 없는 "야!"라는 하대(下待) 소리가 저를 천 길 낭떠러지로 굴러 떨어지게 했어요.

성립 그것두 시루 쓰면 되겠네. 고초당초 매운 시집살이 어쩌구.

난설헌 (고개를 돌리고 입속말로) 나는 어쩌다 저런 사람을 서방이라고 만났을까?

성립 내 욕하는 거지?

난설헌 욕도 해 버릇한 사람이 하는 겁니다.

성립 두 번 다시 같은 말 하게 하지 마. 간다. (장지문을 요란스레 닫고 나간다)

난설헌 내가 시를 쓰는 것이 다른 사람이 보기에는 용납할 수 없는 잘못일까? 그냥 써지는 대로 쓰는 건데 왜 내 삶에 멍에가 되는 걸까? 조선에 태어나서? 저런 사람을 남편으로 만나서? 여자이기 때문에? (휘장을 젖히고 시를 쓴 종이들을 어루만지며) 나는 왜 자꾸 시가 써질까? 쓰고 싶을까? 쓰지 않으려 해도 샘을 품으면 맑은 물이 고이듯이 정경이 모이고, 그리운 마음이 우러나고, 세상의 부조리가 보여, 쓰지 않고 못 배기겠는 걸, 어떡해. (엎드려 운다)

6, 문중 선산에 있는 두 아이 무덤 가

난설헌, 나란히 있는 선이와 윤이의 무덤을 돌아가며 쓰다듬는다. 윤이의 무덤은 떼를 입힌 지 얼마 안 되어 흙이 보인다. 무덤에 얼굴을 대고 한참 있는다.

사이

난설헌, 무덤 앞에서 소지를 올리고 호리병의 물을 잔에 따라 무덤에 뿌린다. 무덤 앞에 앉아 *3 〈아들 무덤 앞에서 우노라〉를 읊는다.

지난해 사랑하는 딸을 여의고
올해에는 하나 남은 아들까지 잃었네.
서러워라 서러워라 광릉 땅이여
두 무덤 나란히 앞에 있구나.
사시나무 가지에는 쓸쓸한 바람
도깨비불 무덤에 어리비치네.
소지 올려 너희들 넋을 부르며
무덤에 냉수를 부어 놓으니
알고 말고 너희 넋이야
밤마다 서로서로 얼려 놀 테지
부질없이 황대사 읊조리면서
애끓는 피눈물에 목이 메인다.

7. 꿈꾸는 난설헌

난설헌, 꿈에서 깨어나 일어나 앉아서도 꿈속을 헤매는 양 몽롱한 상태에서 꿈에 지었던 절구를 화선지에 일필휘지한다.

푸른 바닷물이 구슬 바다에 스며들고
파란 난새가 채색 난새와 어울렸구나.
연꽃 스물일곱 송이 붉게 떨어지니
달빛 서리 위에서 차갑기만 해라.

– *4 〈몽유광상산(夢遊廣桑山)〉

난설헌 연꽃 스물일곱 송이가 떨어지는 것이 자꾸 보이네.

8. 난초 앞에서 1

난설헌, 뒷마루 난초 화분 앞에서 난초 잎을 어루만진다. 이윽고 난초 꽃에 코를 대고 향기를 깊이 들이마신다.

난설헌 난초야. 꽃 피어 줘서 고마워. 해마다 네 깊고 오묘한 향기를 맡는 지복(至福)을 내가 누리다니…… 내 삶에 이런 향기를 지닐 수 있다면 얼마나 좋을까.

9. 난초 앞에서 2

송 씨, 난설헌의 난초 화분 앞으로 살금살금 다가선다. 꽃 한 송이가 고아하게 피고 있는 난초 포기를 쑥 뽑는다.

송 씨 이까짓 난초에서 밥이 나와? 옷이 나와? 이 물건도 꼭 누구를 닮았다니까. 그래서 싫어, 싫다구. (꽃대궁을 잘라내고 잎은 찢어서 뒷마루 앞 처마 밑 도랑에 던져 버린다)

10. 난초 앞에서 3

난설헌, 빈 화분을 본다. 하얗게 질린다. 화분의 흙을 손으로 만진다.

난설헌 난초야. 네 스스로 발이 달려 어디로 간 건 아니겠지? 네 꽃 한 송이 피우려고 내가 기다리며 기울인 정성이 얼만데, 흔적도 없이 사라진단 말이냐? (안방 쪽을 바라보며) 제가 좋아하는 것 하나도 눈꼴사나워 못 보시겠다면 할 수 없지요. 꽃향기 한 모금 마시고 열흘은 기쁠 수 있는 저를 이해 못하시는 데 어쩌겠습니까. (화분을 멀리 던진다. 화분 깨지는 소리)

11. 내가 할 일이 무엇일까?

난설헌, 책상 앞에 앉아 진지하게 생각을 가다듬는다.

난설헌 가족을 위해 내가 할 일이 무어지? 그이를 위해 할 일이 없을까?

그이도 나 때문에 편치 않은 건지 몰라. 그저 한글만 겨우 깨친 여자랑 살면 행복할 거야. 그이를 놓아줘야 돼. 내가 그이를 위해 해줄 수 있는 일은 그것밖에 없어.

사이

난설헌 시어머님을 위해 할 일이 없을까? 시어머님 소원이 내가 시 쓰는 꼴을 안 보는 거니까 시를 안 쓰면 돼. 허지만 나 난설헌이 시어머님과 살기 위해서 이 집에 온 건 아니잖아. 소처럼 튼튼한 며느리 맞아서 손자 손녀 열쯤 보게 해드리면 입이 귀에 걸리시겠지.

사이

난설헌 재립 도련님을 위해서 할 일이 없을까? 편지를 쓰자. (편지를 쓴다) '도련님은 품성이 너그럽고 성실한 분이시니 공부 열심히 해서 과거에 급제하여 가문을 일으키고 형님을 잘 보필해 드리면 감사하겠습니다. 도련님만 믿습니다. 형수 대접을 해 주셔서 진정 고맙습니다. 좋은 배필 만나 자손 번성, 부귀영화 누리세요.'

사이

난설헌 나를 위해서 할 일이 무얼까? 꿈을 따라 가야 하나. 조선에, 여자로 태어나서, 김성립의 아내가 된 운명을 어쩔 수 없어. (절망하나 이내 정신을 가다듬고 의연하게) 다시 태어난다면 향기로운 난초가 되고 싶어. 아니면 오색찬란한 옷을 입고 다섯 가지 소리로 노래하는 난새(봉황)가 되고 싶어. (사이) 나 난설헌은 이 세상에 괜히 왔다 가는 사람이 아니야. (사이) 왜 자꾸 꿈에 선경(仙境)이 보일까? 내가 발을 딛고 있는 여긴 살얼음판인데…… 믿고 의지했던 부모님 돌아가시고, 오라버니들, 귀양 가고, 돌아가시고, 기댈 데 없는 신세, 시집도 못 가면서 남의 혼수에 쓸 명주를 밤새워 짜는 빈녀(貧女)의 신세나 내 신세나 가엾기는 마찬가지. 꿈을 따라 갈 수밖에 없나? (고뇌한다) (사이) 두 아이를 놓친 것은 누가 뭐래도 내 탓이야. 남편 복 없는데 자식 복까지 없으면 어이 살아? 어떡하지? 어디로 가지? 친정으로 갈 수는 없어. 갈 곳이 없네. 아무 데두. (뼈저린 고독에 절망하여) 나를 따뜻하게 안아 줄 이 없으니 한여름인데 동지섣달 같은 모진 한기(寒氣)가 나를 감싸네. (으스스 몸을 떤다) (사이) 여자는 재주가 없는 것이 미덕(美德)이라는데 나는 왜 시 짓는 재주를 타고났지? 죄인 아닌 죄인 취급받으며 사는 건 사는 게 아니야.

12. 스물일곱 나던 해 한여름의 한 날

난설헌, 목욕을 하고 나서 경대 앞에 앉아 머리를 곱게 빗어 쪽을 찐다. 천천히. 아주 천천히, 공들여서. (사이) 엷은 분단장을 한다. 장롱에서 제일 아껴두었던 옥색 모시 치마저고리를 꺼내어 휘장 안으로 들어가 갈아입고 나온다. 새 버선을 꺼내 신는다. 장롱에서 새 요를 꺼내어 방 가운데 펴서 깐다. 그 모든 동작이 자기 생애에 대한 마지막 경의인 만큼 경건한 의식을 치르듯 하는 정성이 담겨 있다.

난설헌 (스스로에게 다정스레) 난설헌! 참고 사노라 애 많이 쓰셨네. 나를 위해서 울어줄 사람 하나 없지만 머잖아 우리 선이와 윤이를 만날 테니 슬퍼하지 마시게. (거울 앞에 앉아서 온 생애의 설움을 녹일 고운 웃음을 자신을 향해 웃는다. 이윽고 섬이를 부른다)

섬이, 장지문 앞에 와 서서 분부를 기다린다.

난설헌 식구들 다 모이시라고 아뢰어라.
섬이 마님두요?
난설헌 잠깐이니까 오시라고 말씀드려.
섬이 야, 아씨.

섬이의 전갈을 받은 송 씨, 재립, 그리고 섬이가 대청에 와 선다. 난설헌, 대청 가운데로 나선다.

재립 형수님, 무슨 일이신지?
난설헌 도련님, 어서 오세요. 공부 잘하고 계시지요? (재립의 손을 꼭 잡으며) 도련님만 믿습니다.
재립 네, 고맙습니다, 형수님.
송 씨 지가 뭔데 시어밀 오라 가라 한단 말이냐?
난설헌 (맑게 웃음 지으며) 어머님. 이리 앉아서 절 받으세요.
송 씨 (반색을 한다) 너 혹시 친정에 가려는 거냐?

난설헌이 방석을 내어 송 씨가 앉기를 권하자 송 씨, 흔연히 방석 위에 앉는다. 난설헌, 송 씨에게 큰절을 올린다.

송 씨, 난설헌의 큰절을 전에 없이 환히 웃으며 받는다.

난설헌 어머님. 제가 한 번 기쁘게 해드릴게요. (연화무를 춘다. 연꽃이 활짝 핀 모습과 지는 모습을 형상화한 춤은 선녀의 자태와 같이 아름다운 것이어서 이승 사람 같지 않은 느낌을 주어야 한다)
송 씨 네 자태가 이리 고운 줄은 미처 몰랐구나.

난설헌 금년이 바로 3. 9(27)의 수인데 오늘 연꽃 한 송이가 떨어지려고 하네요.

송 씨 (좋아하다 말고) 또 그놈의 시냐? 내가 다 태워버려야지.

난설헌 어머님, 어서 가서 태워버리세요. 제 시를 모두 태워 버려 시를 쓰다 불행해진 여인이 조선(朝鮮)에 없게 하세요. (고리짝에 쟁여 두었던 시 쓴 화선지 다발 여러 개를 두 손으로 높이 들어 송 씨에게 건네준다)

송 씨 (대충 받아 안고 부엌으로 간다. 신이 나서 만면에 희색을 띠며) 신주 단지마냥 위하던 걸 다 내놓는 걸 보니 철들었나 보구나. 암, 그래야지. 이제 체증이 쑥 내려가겠네.

재립, 섬이도 따라 나간다.

난설헌, 방으로 들어간다.

난설헌 난설헌! (길게, 천천히) 내가 안아 줄게. 사-랑-해. (긴 메아리) (강하게) 난설헌! (부드럽게) 난설헌! (아주 세게) 난설헌! (자신을 꽉 끌어안는다)

난설헌, 요에 반듯이 누워 가슴에 두 손을 모으고 눈을 감는다.

(영상으로) 그리도 살아서 그리워하던 선계의 선녀들이 와서 난설헌을 옹위해 하늘로 들어올리는 모습과 봉황새의 다섯 가지 소리가 고조되는 가운데

– 막

* 1, 2, 3, 4는 〈허난설헌 시선(허경진 엮음, 평민사)〉에서 인용한 것임.

오, 자유!

등장인물

가연
주옥
희선
초란
은서

장소

쉼터 '희망의 집' 거실

무대

거실 한가운데 큰 탁자가 있다.
빙 둘러 방석이 놓여 있다.
벽에 따뜻한 위안을 주는 그림 액자가 몇 개 걸려 있다.
언제나 음악을 들을 수 있는 고급 오디오 기기가 문갑 TV 옆에 설치되어 있다.
문갑 옆에 업라이트 피아노가 있다.
오른쪽 현관을 들어서자 정면으로 보이는 벽 높이 예수 그리스도의 가시관 쓰신 두상(頭像)이 가운데 새겨진 나무 십자가가 이들을 내려다보고 있다.
베란다에 천정에 닿게 자란 행운목을 비롯해 고무나무, 자메이카, 홍콩야자, 산세비에리아, 다육이, 허브, 난초 등이 무성해 있다.

막이 오르면

탁자를 중심으로 가운데 은서, 왼쪽에 가연과 희선, 오른쪽에 초란과 주옥이 앉아 있다. 탁자 위에 바구니 하나가, 은서 외의 네 여자 앞에는 백지와 펜이 놓여 있다.

초란 나물 뜯으러 갈 것도 아닌데 웬 바구니래요?

은서 어떤 심리학자가 말했다고 해요. '우리들 뇌는 공포만 붙들고 있을 수는 없다. 그럼 아무것도 못 한다. 농담이든 다른 생각이든 해서 떨쳐 버리고 나아가야 한다.'구요.

초란 우리보고 농담을 하라구요? 여기 농담을 하게 생긴 사람이 있어요? 기분 좋은 사람이 하나라도 있느냐구요?

은서 그럼 두려움만 붙들고 있어야 된다는 건가요?

희선 그건 아니죠. 애너메이터님.

초란 애너메이터가 뭐래요?

희선 사람들에게 살아갈 힘과 용기를 주시는 분.

초란 난 여기가 무얼 하는 덴지 모르고 왔어요. 바람 쐬려고 무조건 버스를 타고 종점에서 내려서 보니 '희망의 집'이라는 팻말이 보이기에 멋모르고 따라 온 거예요.

희선 여긴 구청 여성안전과 산하 쉼터예요. 애너메이터님은 '우리 같은' 사람들의 손을 잡아 주는 분이시구요.

초란 (거부의 몸짓을 하며) 뭘 보고 '우리 같은'이라는 말을 쓰는지는 모르지만 난 여러분 같은 사람이 아닙니다.

주옥 (초란을 요모조모 뜯어보며) 글쎄요. '우리 같은'이 뭘까요? '우리 같은'이 뭔지도 모르면서 몸으로 선을 긋는 걸 보면 별난 사람이다? 잘나가는 옷가게 주인? 전직 모델? 옷이 좀 튀기는 하네요.

초란 이게 얼마짜리 명품인데 평가절하를 해요? 아줌마 그 옷은 변두리시장에서 산 일이만 원짜리지?

주옥 명품족이 가출을 하셨다?

초란 (펄쩍 뛴다) 가출은 누가 가출을 했다고 그래요?

주옥 두 말 말고 돌아가셔. 안 어울려.

초란 우리 그이가 잘못했다고 빌기 전에는 안 가요.

주옥 어디 두고 봅시다.

은서 자, 종이에 자기가 하고 싶은 이야기를 간단하게 적어서 바구니에 넣으세요. 다 적고 난 뒤 차례대로 이야기를 하기로 하겠습니다.

각자 종이에 적기를 시작한다. 무엇을 적어야 할지 망설이기도 한다. 이윽고 적은 것을 바구니에 넣는다.

은서 1번부터 시작하게 각자 몇 번인가 확인하세요.

각자 자기 앞에 놓인 번호를 확인한다.

은서 (바로 옆에 앉은 초란에게) 몇 번이에요?

초란 (번호 쪽지를 높이 쳐들며) 1번.

은서 기탄없이 자기 이야기를 하는 거예요.

초란 (앞으로 나서며) 내 얘기를 하라구요? 나 박초란은 음, (사이) 그이 얘길 해야겠다. 우리 그인 은행원이에요.

희선 은행원? 먹고 살 걱정 없게 듬뿍 벌어다 주는 복덩이? 나 같으면 업고 다니겠다.

초란 스무 살에 연애해서 결혼했는데 그인 나에게 월급봉투를 보여준 적이 없어요.

주옥 요샌 통장으로 들어오지 않나?

초란 통장도 보여준 적이 없고요.

주옥 시장도 다 봐 오고, 김치도 담가 주고, 청소도 하고, 세탁기까지 돌리는 애처가신가 부지?

초란 내가 뭐 사게 돈을 달라고 하면 그때그때 줘요.

주옥 주는 게 어디야?

초란 내가 낭비벽이 심하다고, 믿고 맡길 수가 없다는 거예요. 난 멋쟁이라 남보다 명품으로 가꾸고 싶어 죽겠는데 우리 그인 그런 내 개성을 몰라준다구요.

희선 애기 엄마는 안 가꿔도 예쁜데 굳이 남편이 싫다는 낭비를 할 필요가 있어?

초란 그이가 정말 미운 건 나 보는 데서 돈을 세지 않는 거예요.

주옥 마누라를 불신하는 거네.

초란 자존심 상해요. 내가 아이 낳아 길러주고 살림하는 거 고마워해야 되는 거 아녜요?

주옥 뭐 결정적으로 사고 친 거 아닌가?

초란 네버, 절대 그런 일 없어요.

주옥 몇 백만 원짜리 모피코트랑 핸드백, 카드로 긁다가 들켰다?

초란 백화점 가서 구경만 눈이 빠지게 하지 사 본 적은 없어요. 카드도 없는데 뭘 긁어요?

주옥 카드도 못 쓰게 해?

초란 그렇다니까요. 난 카드가 없어요.

주옥 보기와는 다르다. 젊은 여자가 카드가 없다는 게 이상하긴 하네.

초란 나를 동정하는 거예요? 촌스럽게 생긴 아줌마가? 아줌마는 카드 있어? 어디 봐. 몇 장이나 있나?

주옥 (지갑에서 카드를 꺼내 초란에게 보여준다) 석 장밖에 안 돼.

초란 에게, 석 장? 그걸루 뭘 얼마나 살 수 있는데?

주옥 난 부자는 아니지만 통장에 돈 말라본 적은 없어요.

희선 그거면 되는 거야. 남한테 아쉬운 소리 안 하고 살면 되는 거지.

초란　아줌마는 그것도 안 돼요?

가연　(희선에게) 남의 심정 긁는 얘기, 안 들은 걸로 하세요.

희선　가연 씨, 고마워요. 허리 아픈 데는 온찜질이 효과가 있는데 어쩌나.

가연　벽에 기대고 있었더니 좀 나아졌어요.

초란　재벌 마누라가 일류 백화점에서 최고급 모피코트를 척 걸치며 카드를 썩 내밀고 점원이 여왕님 모시듯 하는 드라마를 보면 부러워서 눈물이 나.

주옥　부러울 것도 많다.

초란　스무 살에 만난 첫 사랑에 순정을 바친 나를 어디서 주워 온 헌여편네 취급을 하느냐고 따지고, 당신 통장에 얼마가 들었는지 나도 구경 좀 하자고 하소연도 하고, 월급마냥 한꺼번에 주면 안 되느냐고 졸라 보기도 했지만 막무가내,

희선　안 살라면 모르지만 그러려니 하고 살면 되겠네요. 그 덕에 재산은 모았을 테니.

초란　노후 걱정 같은 건 하지 말라지만 사람이 현재가 중요한 거 아니에요? 미래에 잘살자고 오늘 하고 싶은 거 못하고 살아요? 난 그렇게 못 해. 싫어.

희선　(부러워서) 내 집 있겠다. 남편 직장 확실하겠다. 복이 넘치는구먼.

초란　내 답답함은 아무도 모른다니까.

주옥　복에 겨운 말씀.

초란　나 없이 어디 살아보라구 아무 정보도 주지 않았으니까 애타게 찾을 거예요.

주옥　찾지 않으면 어쩔 건데?

초란　그이가 날 찾지 않으면 누가 날 찾아요?

희선　답이 나왔네요. 초란 씨한텐 남편밖에 없고 남편한텐 초란 씨밖에 없다는 거.

초란　내일은 문자가 올 거야. 아니면 전화가 오든지.

희선 먼저 전화를 해요.

초란 잘못했다고 빌어야지. 앞으로는 절대 안 그러겠다. 경제권을 다 박초란에게 주겠다는 문자만 오면 춤을 출게요. 나 이래뵈두 춤 잘 춰요. (발레 하듯 손을 높이 쳐들고 발끝으로 몇 바퀴 돈다) 여고 때 발레반이었거든. 백조의 호수. 랄라라, 랄라라. 랄라라.

은서 다음 타자, 2번은 누구죠?

주옥 저네요. (일어서며) 결행을 함으로써 놓여나는 것이 좋아 버스를 타고 오는 내내 속으로 웃었어요. 집에서 멀어지는 만큼 안도의 숨을 쉬었구요.

초란 택시가 빠른데 왜 버스를 타고 와요?

주옥 사람은 다 비슷한 줄 알았어요. 허구한 날 먹는 밥을 가지고 시비를 거는 사람을 만날 줄은 몰랐어요.

희선 먹는 밥을 가지고 시비를 걸어요?

주옥 식탁에 앉으면 고개를 외로 꼬고 요렇게 보면서 밥 냄새를 맡고는 밥그릇을 식탁 아래로 톡 내려놓기 일쑤였어요. 쌀이 어머니가 해주던 그 쌀이 아니라고, 밥에 왜 밤과 대추, 잣을 넣지 않았느냐고 트집을 잡았어요. 친정에선 그런 일이 없었기에 놀라서 소화가 안 됐어요.

희선 초장에 버릇을 고쳐놓지 그 비위를 다 맞췄어요?

초란 나 같으면 밥상을 엎었겠다.

주옥 시어머니가 큰아들보다 머리가 좋아 형이 못 나온 대학을 나왔다고 왕자 위하듯 했대요. 작은 회사에 다니면서 명품만 찾았어요. 자기 몸 위하고, 꾸미는 데 돈을 다 쓰곤 생활비를 내놓지 않았어요.

희선 뭘루 살았어요?

주옥 내가 미장원을 해서 살림을 꾸렸어요.

초란 아, 미용사구나. 잘 됐다. 나 드라이 좀 해줘요. 최신 유행 스타일로.

주옥　우선은 좀 쉬고 싶어요. 그간 휴식을 취해 본 적이 없으니까. 지친 심신을 추스르고 차차 일을 할 거예요.

초란　미장원 해서 살면 되겠네.

희선　생활비도 안 내놓으면서 특상품 쌀밥만 해 바치라 요구했다는 게 이해가 안 돼요. 반찬은 해 주는 대로 잘 먹었어요?

주옥　한번 식탁에 올린 반찬은 두 번 다시 안 먹었어요.

가연　우리 신랑은 입맛은 까다롭지만 반찬 타박은 하지 않는데.

초란　안 먹으면 식탁을 깨끗이 치워 버려요, 그까짓 거.

주옥　힘들게 일하러 출근하는 사람 밥을 먹게끔 하는 게 여편네 도리라는 시어머니 말씀이 법이라.

초란　그딴 개 같은 법이 어디 있어요? 미장원 나가는 건 출근 아니고 소풍인가?

주옥　나도 친정에선 귀하게 큰 맏딸인데……

초란　나 같으면 며느리가 종이냐고 턱주가리를 날려 주었겠다, 턱. (턱을 치는 시늉을 한다)

가연　그 집 신랑 술은 안 마셨어요?

주옥　술은 체질에 안 맞아서 안 마셨어요.

가연　술 안 마시는 신랑을 만난 사람은 얼마나 좋을까? (부러워서 눈물을 흘린다)

희선　가연 씨, 왜 울어요?

가연　너무 부러워서요.

주옥　현관에 빈틈없이 쌓여 있는 구두 상자 50개만 안 봐도 숨통이 트일 거예요.

가연　구두가 50켤레나 된다구요?

주옥　안경은 열 개구요.

초란　부자인 거야? 사치꾼인 거야?

주옥　겉멋 부자.

주옥을 바라보는 시선에 약간의 동정이 교차한다.

주옥 어느 날 깻잎 반찬을 상에 올리지 않았다고 남편이 내 멱살을 잡고 흔들었어요.

초란 폭행을 당했다고?

주옥 그까짓 깻잎이 뭐라고. 내가 깻잎보다 못한 존재인가 생각하니 갑자기 앞이 캄캄해지며 내 삶이 와르르 무너지는 것 같았어요. 앞으로 또 무슨 반찬 핑계로 폭력을 행사할지 모른다 싶어져서 결심을 한 거예요.

초란 집 나올 만하네.

주옥 난 깻잎 몇 닢보다 백배 천배 귀한 인간임을 증명할 거야. (큰 소리로 자기를 격려한다) 현주옥, 파이팅!

사이

은서 3번 타자는?

가연 저요. 저, 앉아서 해도 될까요?

은서 네. 좋아요.

가연 저는 이 세상에서 제일 부러운 게 술 안 마시는 남자랑 사는 여자에요.

초란 (과장스레 놀라며) 어머나. 가연 씨는 술꾼 남편 때문에 죽을 뻔했구나.

가연 밥보다 술을 더 좋아하는 사람이랑 사는 게 어떤 건지 모르지요?

초란 밥보다 술? 주정뱅이? 그 꼴을 어떻게 봐?

가연 술을 박스로 사다 놔야 했어요. 아무 때나 마시고 싶은 때 마시도록 대령할 것. 만약 집에 술이 떨어진 날은 난리가 나요.

희선 집에서만 마시면 주정은 안 하나요?

가연 밖에서 취해 들어오는 날이 반이니까 사흘돌이로 난리가 났죠.

초란 폭력은?

가연 (부들부들 떨며) 폭력이라는 말 하지 마세요. 그 말만 들어도 죽을 것 같아요. 세상에 대한 원망, 부모에 대한 원망, 직장 상사에 대한 원망이 모두 술 마시는 핑계였어요.

희선 저 가녀린 몸집에 어디 때릴 데가 있다구.

가연 눈퉁이가 밤탱이가 되구, 발길로 차 아이를 유산했어요.

은서 (가연을 감싸 안으며) 어떻게 살았어요?

희선 (안타까이) 폭력은 습관화될수록 더 잔인해지는 건데. 어쩌면 좋아.

가연 술만 취하지 않으면 그이는 각시 같은 사람이에요. 겉보기에 점잖은 청년 신사구요.

주옥 그 정도면 알코올 중독자란 얘긴데 병원에 데려가 보지 않았어요?

가연 자기는 물 대신 마시는 거구 술 마시는 재미에 산다는데요.

희선 그건 술꾼들의 상투언데.

가연 결근을 하는 날이 많아지는 게 걱정이에요. 그러다 이 취업난 시대에 직장에서 짤리면 뭐 먹고 살아요.

초란 부모님한테 그런 아들을 낳았으니 책임지라고 해요.

희선 (강하게) 그건 아니지요. 부모님이 무슨 죄 지었어요? 부모가 자식 낳아 키우고 가르치고 장가들이면 할 노릇 다한 거지.

초란 그런 사람인 줄 모르고 시집 온 며느리에게 죄가 있다?

은서 결혼 전에 징후가 안 보였어요?

가연 앉은 자리에서 소주 두 병을 마시고 담배 한 갑을 피우는 걸 봤어요.

희선 그렇다면 총각 때부터 술꾼에 골초였다는 얘긴데, 중매예요?

가연 중매로 만났는데 첫 인상은 아주 좋았어요. 잘생기고 신사답고.

희선 다른 병은 없어요?

가연 소화가 안 돼서 밥을 잘 못 먹어요.

주옥 병주머니 될 가능성이 농후한데 어떡해요?

가연 어느 날 그이가 문득 술과 담배가 싫어져서 딱 끊게 해주십사 기도해요.

초란 (눈을 동그랗게 뜨고 장난스레) 어따 대고 기도해요?

가연 여기는 성당이 어디 있는지 몰라서 두 주일째 주일미사 참례를 못 했어요. 성체(聖體) 한 번 모시는 힘으로 한 주일을 사는데.

초란 (놀리듯이 비죽거리며) 기도한다고 되는 일이 있나?

가연 그럼요. 기도의 은총이 얼마나 큰데요.

초란 (손뼉을 치며 깔깔 웃는다) 아, 기적을 바라는구나. 가연 씨 보면 기도로 신랑이 술과 담배를 끊는 기적은 일어날 것 같지 않은데.

희선 모르는 소리예요.

초란 5년이면 하루 한 번만 기도했다 쳐도 가만 보자, (속셈을 한다) 천팔백이십오 번 신랑을 위한 기도를 했다는 얘긴데 갈수록 심해진다잖아요.

가연 (결연히) 하느님의 사랑은 끝이 없고 기도의 열매는 반드시 맺게 해주신다고 했어요.

초란 맞아 죽을까 봐 집을 나온 거 아니에요?

가연 그이에 대한 희망도 버릴 수가 없지만 내가 우선 살아야 하니까요.

주옥 아이도 없는데 무슨 미련을 가져요? 얼마든지 새 출발을 할 수 있을 텐데.

가연 저는 그럴 수 없어요.

초란 내가 살고 봐야지, 신랑은 후순위야.

가연 하느님은 우리가 희망을 가지고 행복하게 살라고 지어내셨어요.

초란 할 수 없으니까 믿는 거 아니냐구. 행복해 봐라, 있지도 않은 하느님 같은 걸 뭐하러 믿어?

가연 뭐가 부족해서 하느님 믿는 거 아니에요. 우리를 먼저 사랑해 주시는 하느님의 은총을 받아들이는 거지.

초란 불행해도 행복해서 좋겠다. 그렇게 좋으면 하느님이랑 결혼하지 그랬어? 그딴 술꾼하고 하지 말고.

가연　알지도 못하면서 남을 놀려야 시원해요?

초란　심심해서 그래.

가연　(어쩔 줄 모르며) 남의 불행한 이야기 듣는 게 심심해요, 헉!

초란　행복하다며? 서방한테 맞아 죽어도 행복하다고 할 거 같은데 그럼 너무 억울한 거 아냐? 하느님이 뭔데 목을 매냐구?

가연　무슨 그런 모진 말을…… (울먹인다)

희선　초란 씨는 남의 불행에 대한 공감 능력이 전혀 없어 보여요.

초란　허리 아파서 바로 앉지도 서지도 못하면서 꼬박꼬박 성당 다닌다잖아요. 멍청하게 생기지는 않았는데 (왔다 갔다 하며) 그딴 바보짓을 왜 해?

가연　내 믿음을 시험하러 들지 말아요. 초란 씨같이 하느님을 알지 못해 안 믿는 사람에게 하느님의 자녀로서 행복한 모습을 보여야 되는데 그러지 못해서 미안해요.

초란　나는 나 자체로 행복한 사람이야. 자체 발광(自體發光) 몰라?

가연　나 같으면 기도하겠어요. 아이들 아빠가 자기를 전적으로 믿게 해 달라고.

초란　어처구니없네. 나를 동정하는 거야? 그 주제에?

가연　초란 씨는 예쁘고, 삶의 여유도 있으니 남을 위해 나눌 수 있는 게 많아 보여요.

초란　내가 예쁘단 소리는 어려서부터 많이 들었지. 예쁘니까 더 예쁘고 싶은 거야. 요새 돈 많은 사람들이 안 늙는 거 몰라요? 한 대에 1500만 원 하는 줄기세포 주사를 맞으면 피부가 아기처럼 보들보들하고 팔십에도 오십쯤으로 젊어 보여요. 주름살 하나 없이. 늙지 않고 만년 청춘으로 100세를 살 수 있다니까.

희선　그런 주사가 왜 필요하지? 젊디젊은 나이에.

초란　요즘 여자들만이 아니라 남자들까지 코를 높이고 홀쭉해진 볼을 탱탱하게 부풀리고 짙은 눈썹 심기까지 하는 건 좀 더 아름다워지기 위해서랍니다. 그게 21세기 최상의 트렌드예요.

희선 남자가 건강하면 됐지, 아름다울 것까지는.

가연 과연 그 사람들이 외모만큼 내면이 아름답고 영혼이 깨끗한 사람들일까요?

주옥 TV에 뻔질나게 등장하는 유명 인사 중에 아주 유치한 행위를 하거나 부도덕한 짓을 하는 사람이 좀 많아요?

초란 그럼에도 불구하고 그 자리까지 올라가는 건 능력이라는 거죠. 죽어도 뻔뻔, 내로남불 선수가 지배하는 세상이니깐.

가연 초란 씨. 성당에 다니지 않을래요?

초란 내가 왜, 뭐가 아쉬워서? (콧방귀를 뀐다)

가연 영혼에 때가 좀 낀 거 같아요.

초란 (언성을 높여) 때라니, 1년 365일 목욕을 하지 않고는 잠을 못 자는 나를 뭘루 보고 때가 꼈대? 봐! 어디 때가 꼈나, 보라구.

가연 내가 어리숙해 보여도 영혼을 읽는 능력은 좀 있거든요.

초란 성당에 다닌다고 우월의식을 갖는 거야? 남편에게 맞고 발로 차이고 살면서 남편이 밉지 않았어? 남편이 죽어 없어졌으면 좋겠다고 생각해 본 적 없어? 있을 걸, 왜 없겠어? 지가 천사야 뭐야. 그 지옥에서 해방되려고 집 나와 놓고 고고한 척은…… (가연의 주위를 빙빙 돌며 한껏 비웃는다)

가연 난 보잘것없는 사람이지만 하느님의 사랑받는 딸로서 어떻게 사는 게 옳은지는 알아요.

초란 나 박초란은 하느님의 자녀인지 뭔지가 아니야. (손으로 완강하게 가위표를 그린다)

가연 하느님께서 당신도 사랑으로 내셨어요. 사랑으로 살기를 바라고 계셔요.

초란 (손가락질하며) 이렇게 맹하니까 서방한테 당(當)하고 사는 거야.

'맹'과 '당'의 강한 악센트가 좌중을 질리게 한다.

희선, 주옥, 가연, 은서, 아연하여 동시에 벌떡 일어난다. 초란을 잡아 일으켜 바짝 에워싼다.

희선 어떻게 그런 말을?

주옥 너, 말 다했어?

가연 남이 그렇게 말해주지 않아도 나는 내가 얼마나 말도 안 되게 사는 사람인 줄 안다구. (가까스로 울음을 참는다)

은서 (강하게) 사과하세요. 초란 씨.

초란 나를 먼저 모욕한 건 저 맹꽁이 천주교 신자 가연이에요. 영혼에 때가 꼈다고. (종주먹을 대며) 영혼이 뭔데 때가 껴? 팔뚝이야? 모가지야?

희선 우린 모두 남편 때문에 고통 받고 사는 사람들인데, 당하고 산다는 말을 어떻게 입에 올려요?

은서 당한다는 말은 우리 여자들에게 맹독(猛毒)이 되는 말이에요. 죽을 수도 있는 참혹한 말.

초란 안 당하고 살면 되잖아요.

주옥 너 당해볼래? (초란에게 달려들어 마구 흔든다)

초란 지 서방한테 할 화풀이를 왜 나한테 해? 이거 놔. (세게 뿌리친다)

주옥 서방 복 있다고 유세하는 거야? 그렇담 여긴 왜 왔어?

초란 넌 왜 왔는데?

주옥 네가 얼마나 웃기는지 알아? 생활비 따박따박 줘, 노후 걱정 없는 저축 있어. 복이 넘치는데 사치 못 하게 한다고 집을 나왔어?

초란 고기도 먹어본 놈이 먹는다고 사치도 해본 놈이 하는 거다 왜. 사치하는 맛이 얼마나 짜릿한지 너 모르지?

주옥 그러니까 집에 가란 말야. 넌 여기 있을 이유가 없어.

초란 넌 자격이 있다는 거야? 그래, 집 나올 자격 있어서 좋겠다. 지가 하루 종일 서서 남 머리 만져서 번 돈으로 서방 밥 먹여 살린 게 무슨 자랑이라구.

주옥 (강하게) 서방 복 없다고 죽는 거 아니야. 내 힘으로 잘살 수 있어. 앞으로 우리 소연이만 위해서 살 거야.

희선 어제 TV에서 우크라이나 출신 고려인 3세가 삼남매를 데리고 어렵게 사는 거 봤잖아요. 우크라이나에서 대학을 나와 미혼으로 아들을 낳았는데 남자가 떠났어요, 한국에 와서 결혼해 남매를 낳았는데 또 남자가 떠나 버렸어요. 세 아이와 살기 위해 평화시장에서 옷 재단 일을 하고 있는데 일한 만큼 돈을 더 받기 때문에 밤늦게까지 일해요. 키가 크고 서글서글한 그 엄마가 씩씩하게 사는 모습이 장해 보였어요.

가연 종일 서서 일하는 엄마 발 편하라고 열한 살짜리 아들아이 마태오가 용돈 모은 상자를 들고 가서 엄마 샌들을 사다 준 게 감동이었어요. 아내로선 불행해도 자식이 있으면 언젠가는 행복해질 수 있는 건데……

주옥 (활짝 웃음을 지으며) 우리 소연이도 엄마 생각을 얼마나 끔찍이 한다구. 하루밖에 안 됐는데 벌써 보고 싶네.

은서 자, 다들 앉으세요.

모두 자기 자리에 앉는다.

희선 주옥 씨는 씩씩해서 좋아요. 우리 중 불행 탈출 선두주자로 잘사는 걸 보고 싶어요.

주옥 소연이를 안 주겠대요. 자기가 키운다고.

은서 이혼을 할 때 남자가 경제력이 있으면 여자에게 잘못이 있다고 뒤집어씌우고 자식을 안 주지만, 생활 능력이 없으면 마지못해 여자에게 아이를 주던데, 경제력 있어요?

주옥 오기로 그러지 경제력이 크게 있는 편은 아니에요. 자기 몸치장,

좋다는 것 찾아 먹고 입고 싶은 옷 사 입는 데 다 쓰니까.

초란 위자료는 얼마나 준대요? 재산 분할은?

주옥 한 푼도 안 줄걸요.

초란 자기가 벌어먹고 살았다면서 빈 몸으로 나온다구? 아직도 세상에 이런 바보가 있다니까.

주옥 돈은 줄 사람이 줘야 받는 거야. 상대가 안 주려고 작정하고 버티면 받기는커녕 두고두고 속만 상한다구.

초란 소송 걸어요.

주옥 소연이만 주면 자유를 얻는 대가로 알고 살 거예요. 자신 있어요

사이

은서 마지막으로 차희선 여사님 차롄가요?

희선 (한참을 망연히 서 있다) 난 질투망상 희생자예요.

초란 그게 뭔데요?

희선 아우슈비츠보다, 암보다 더 무서운 병.

주옥 의처증 그거 약도 없는 더러운 병이에요.

초란 (비웃듯이) 아줌마가 무슨 양귀비(楊貴妃)라고?

주옥 인물 가지고 생기는 병이 아닙니다.

가연 여사님은 볼수록 예쁜 얼굴이세요.

희선 지금도 그는 내가 밖에서 나쁜 짓 하고 다닌다고, 걸리기만 하면 가만두지 않겠다고 벼르고 있을 거예요. 잡히기만 하면 죽이겠다고.

은서 몇 년을 그런 불안 속에 사신 거예요?

희선 17년요.

주옥 그런 징조가 바로 나타나지 않았어요?

희선 결혼하고 보름 만에.

초란 아줌마 등신이다.

희선 멍텅구리지.

초란 여긴 모두 바보만 모여 뭐하자는 거예요?

은서 누구한테 말도 못하고 오랜 세월을 마음고생 몸 고생하며 살아온 차 여사님을 공격하진 맙시다.

주옥 바른 생활 표본같이 사셨을 분이 어쩌다 의심을 받게 되셨나 내가 다 답답하네요.

희선 결혼을 하지 않겠다고 하다가 늦게 중매로 만난 사람이 그 나쁜 병을 '타고난' 사람이었어요.

초란 겉에 써 있어요? 눈이 쭉 찢어졌나? 뱁새눈인가? 개구리 눈깔인가?

희선 겉으론 멀쩡하고 남들한테는 아주 너그럽고 친절하지.

가연 아내는 남편에게 순종하고 남편은 아내를 존중하라고 성경에 씌어 있어요.

희선 내가 순종하면 그가 내 진심을 알아줄 줄 알았는데 아니었어요. 온 세상이 이렇게 험악한데 순결한 여자가 어디 있느냐고 여자를 사갈시(蛇蝎視)했어요.

초란 혼자 살지 결혼은 왜 했대요?

희선 한 여자를 불행하게 만들기 위해서.

주옥 아이들은요?

희선 남매가 있어요.

가연 다 컸겠네요.

희선 중·고등학생.

은서 요새 학생들, 공부하노라 바빠서 엄마가 다 챙겨 줘야 하는데……

희선 밤에 나가면 찔러 죽이겠다고 머리맡에 칼을 놓고 자는 지경에 이르러 내가 죽으면 아이들은 어쩌나 걱정이 되어서……

초란 그러구 17년을 살았다는 게 말이 돼요? 아이 답답.

주옥 왜 그러셨어요? 진작 탈출하지.

희선 좋아지는 날이 있겠지, 있겠지 하고 기다리다가……

초란 나 같으면 상대를 확 꺾어 놓든지 아니면 혀 깨물고 죽겠다.

주옥 (강력하게) 죽기는 왜 죽어요? 남 때문에 내가 왜 죽어요? 남 때문에 불행한 것만 해도 억울한데 살아야지 왜 죽어요?

초란 약해 빠져서 그렇지 그까짓 남자 하나를 못 이겨요?

주옥 여자의 불행은 다 거기서 거기야. 남자 잘못 만나면 망하는 거야. 허지만 이젠 안 그래. 자기가 자기를 행복하게 해야 돼. 할 수 있어! 남자가 인격이 동등한 사람으로 존중해 주면 살지만 여자라고 무시하고 비하하거나 학대하면 살지 마!

초란 난 혼자는 외로워서 못 살아. 희선 아줌마는 중년이니까 혼자 살아도 되잖아요.

은서 혼자 살아도 되는 사람은 없어요. 할 수 없으니까 혼자 사는 거지.

희선 난 혼자 살 수 있어요. 문제는 아이들을 어떻게 가르치느냐는 거지요.

초란 양육비는 아빠가 부담하는 거 아니에요?

희선 가진 게 없어요. 아무것도.

초란 가지가지 하네요. 생활력도 없으면서 여자를 학대했단 말이에요? 거지 같이.

주옥 그게 남자의 권리요 자존심이라고 착각하는 남자의 표본이네요.

희선 나를 괴롭히는 게 일이었어요. 나 때문에 일을 못한다면서.

주옥 진작 떨쳐버리고 나왔어야 되는데 못한 것을 탓해야 기운만 빠져요. 이제라도 늦지 않았어요. 스스로 힘내서 살면 돼요.

희선 살 수 있겠지요?

가연 물론이죠. 하느님께서 길을 열어 주실 거예요. 하느님께서는 여사님이 정결(貞潔)하시다는 걸 아시니까요.

희선 이혼을 하면 내 호적이 친정아버지 밑으로 가는 게 맘에 걸려요. 부모님 앞에 못사는 꼴을 보이기 싫은데.

주옥 (웃으며) 그건 걱정 안 하셔도 돼요. 일가창립(一家創立) 제도가 있어요. 내가 호주가 되는 거예요. 남편 호적에서 지워졌다고 아버지

밑으로 가지 않아도 돼요.

은서 연구를 많이 했네요.

주옥 방통대 법학과를 다니며 알아봤어요.

희선 불가사의한 내 운명을 어쩌지도 못하는 내 무능이 싫어서 여간해서 말을 하지 않지만 나는 80년대에 대학을 나와 기자생활을 한 사람이에요.

초란 아줌마가 대학을 나와 기자생활을 했다고요? 그렇게 안 보이는데.

희선 화장은 술집 여자들이나 하는 거라고 절대 못 하게 해서 하지 않고 살았어요.

초란 그 나이에 대학까지 나와 기자생활을 했다면 나 같으면 장관이라도 되었겠다.

희선 어떤 때는 초등학교나 나온 사람 취급을 받은 적도 있어요.

가연 우리 중에 내적으로 가장 부자는 희선 여사님일 것 같은데요.

은서 그렇게 보여요.

희선 나를 용서할 수 없어요. 나 자신이 용서가 안 돼요. (벌떡 일어나 무대 가운데로 나선다. 격렬한 춤을 추기 시작한다)

초란 춤은 내가 일가견이 있는데. (나서려 한다)

은서 (말리며) 관객의 예의를 지켜요.

주옥 활화산처럼 끓어오르는 분노를 잠재우노라 얼마나 힘드셨을까요.

희선 (퍽 쓰러져 가슴을 세게 친다) 죽어! 죽어! 차희선 죽어! 죽어야 다시 살아날 수 있어.

가연 (희선을 살포시 안으며) 제가 안아 드릴게요.

초란 그러고 보니 여기서 대학 못 나온 사람은 나 하나네요.

희선 대학 나와 못 사는 여자의 표본 같은 나를 멸시해도 좋아요.

은서 저는 차 여사님이 모진 학대에도 포기하지 않고 자기 자리를 지켜온 자존감에 경의를 표하고 싶어요.

희선 내가 그 상황에서도 자살하지 않은 게 유일한 자랑거리라면 너무 인생을 초라하게 산 거죠?

주옥 나도 자살하고 싶은 유혹에 빠질 뻔한 게 한두 번이 아니에요.

가연 저도 까딱하면 죽을 만큼 그의 주사에 시달릴 때마다 죽으면 이 고통이 끝날 텐데 왜 죽지 않지? 하고 묻곤 했어요. 그래도 하느님께서 행복하게 살라고 창조해 주신 생명을 내가 무슨 권리로 포기하느냐는 깨달음을 우리 주 예수 그리스도께서 주셨기 때문에 자살은 절대 하지 말자고 자신을 달랬어요.

희선 난 어떻게 해서라도 나 자신의 힘으로 잘사는 것을 증명해야 돼요. 즈이 아빠가 시킬 수 없는 교육도 아이들에게 시켜야 하구요.

주옥 자식에 대한 사랑 때문에 강철보다 강해져야 하는 게 남편에게 사랑받지 못하는 여자가 살 길이에요.

가연 우리 튼튼이도 세상에 태어났으면 지금 다섯 살인데……

초란 이혼이 가장 쉬운 게 가연 씨구만.

가연 천주교 신자는 절대 이혼할 수 없어요.

초란 맹꽁이 사고방식 졸업해요. 당장. 서가연에게 명령한다. 천주교고 뭐고 다 때려치우고 살고 싶은 대로 살라!

주옥 초란 씨. 전화가 끝내 안 오면 어떡할 거야?

초란 올 거라니까.

주옥 못 이기는 척 들어가요. 그리고 여보 하고 애교를 떨어요. 초란 씨 무기는 애교잖아.

초란 어디 문자 왔나 봐야지. (핸드폰을 뒤진다)

주옥 문자 몇 통이나 왔어? 아이들이 엄마 보고 싶다고 보채니 어서 돌아오오. 내 사랑하는 그대의 모든 잘못을 용서해 줄 테니 어서 돌아와요. (웃음)

초란 속으로 그런 문자가 오면 오죽이나 좋을까 하고 상상하는 거지?

주옥 난 아까 우리 소연이랑 통화했어요. 잘 있대. 조금만 참고 기다리라고 했어요.

초란　우리 애들은 즈이 아빠가 핸드폰을 빼앗았나 봐. 전화를 안 받아.

은서　자존심 좀 상한다고 집을 나오면 대한민국에 집 안 나올 여자 몇이나 될까요?

초란　매 안 맞고 사는 것만 해도 어디냐 그거지요? 치, 나 같으면 하루도 안 살아.

희선　한바탕 난리를 치고 나면 얼마나 비참하다구. 힘이 쏙 빠져서 아무 일도 못 하고 땅속으로 땅속으로 꺼져 들어가다 깊은 구렁에 떨어져 죽을 것만 같은데.

은서　그래도 다시 눈을 뜨면 아침이 와 있지 않던가요?

희선　난 행복 같은 건 바라지두 않아요. 불행하지만 않으면 돼요. 허지만 아이들은 행복하게 살기를 바라. 엄마가 못 누린 몫까지 충분히 누리며. 그러려면 뒷받침을 잘해 줘야 돼요.

가연　우리 튼튼이도 태어났으면 다섯 살, 어린이집 다닐 텐데.

은서　시각을 달리 하면 가연 씨에게 가능성이 제일 많아요.

가연　내가 그이를 떠나면 그이를 돌볼 사람이 아무도 없어요. 그이는 외로운 사람이에요. 나밖에 없는. 이러고 있을 때가 아니야. 집에 가야 돼. (가려고 몸으로 서두른다)

은서　자기 자신을 먼저 신뢰하고 사랑해 줘요.

초란　신상엽, 오늘 안에 당신 나한테 전화하면 상 줄까? 무슨 상? 뽀뽀.

희선　난 평생 부모님 외에 누구의 사랑도 받아본 적이 없다고 한스러워했는데 내가 나를 사랑할 수 있는 거네요. 애너메이터님.

은서　그럼요. 할 수 있고 말구요.

주옥　우리 서방 복 없는 여자들의 신세계 발견에 박수를 보냅시다. 박수!

희선　왜 내가 여자로 태어나고 싶어 태어난 게 아닌데 불행해야 돼?

주옥　절대 여자라 불행할 수 없어요. 못되고 모자라고 모진 서방 때문에 불행해선 안 돼요. 여자는 행복해야 하는 존재라구요.

희선　나는 나야. 남편이 내 불행의 원인이 될 수 없어. 절대.

가연 하느님께서는 사랑하는 따님들에게 '자유 의지'를 주셨습니다.

희선 난 치유무용가가 되고 싶어요. 몸으로 우리 여자들의 상처를 치유해 행복한 하느님의 자녀로 살 수 있도록 도와주는.

주옥 까짓거 웃어넘기면 겁날 게 없어요. 미장원에 오는 손님들을 작은 그룹으로 만들어 행복 찾기 운동을 벌여야지.

희선 우리의 불행을 농담이라는 새 요리로 만들 수 있는 거네요. 야, 웃긴다. 우리를 옥죄던 질곡아, 부자유야, 불행아. 우리가 힘껏 웃어주마. 떠나가라, 떠나가라. 멀리 멀리! (춤으로 표현한다)

희선, 주옥, 초란, 가연, 활짝 웃으며 어깨동무를 한다.

희선 따라 하세요. (한껏 큰 춤동작을 하며) 나 자유 얻었네. 너 자유 얻었네. 우리 자유 얻었네. (다 함께 동작을 따라 하며 목이 터지게) 나 자유 얻었네. 너 자유 얻었네. 우리 자유 얻었네. 오! 자유, 자유! (입을 있는 대로 크게 벌리고) 하하하하하하 하하하하하하 하하하하하하. (서로를 끌어안는다) 하하하하하하. 하하하하하하…… (만세 동작을 하며) 자유! (끝없는 메아리)

–막

아득이 마을

등장인물

애금
애선
창대
강재

때
현대

곳
수도권의 어느 산자락

무대
작은 흙집.
마당에는 많은 돌이 쌓여 있다.
여러 개의 돌탑이 마당가에 울타리처럼 자리 잡고 있다.
돌탑 너머 무성한 숲, 아름답고 신비로운 높은 산이 보인다.
하나뿐인 방 안에는 만여 개의 복주머니가 천정과 줄에 매달려 있다.
마당 가운데 들마루가 놓여 있다.
들마루에는 복주머니를 만드는 헝겊과 바늘, 실, 가위, 끈 등을 담은 큰 반짇고리가 주인처럼 앉아 있다.
왼쪽에 외부와 통하는 길이 있다.

막이 오르면

마른 몸매에 반쯤 흰 머리, 개량 무명 한복을 입은 애금, 마당에서 탑을 쌓으려고 돌로 기단의 틀을 잡고 있다. 〈한오백년〉을 나직이 부르면서.

왼쪽에서 애선 등장. 햇볕에 그을어 건강미 넘치는 아낙. 물빛 티셔츠에 청바지를 입고, 천으로 만든 챙이 넓은 모자를 쓰고 있다. 큰 천 가방을 들고 있다.

애선 저, 이 근방에 혹시 박애금이라는 여인이 살지 않나요?

애금 (돌아보며) 그런데요.

애선 니가 애금이니? 우리 애금이 맞어?

애금 언니.

애선 애금아.

애금 (들마루에 애선을 앉게 하며) 언니가 어떻게 여길?

애선 난 어디 갔다 오느라구 못 봤는데 동네 사람들이 니가 텔레비전에 나왔다구 알려줘서 물어물어 온 거여.

애금 그거 별거 아닌데……

애선 사람들이 니가 그렇게 사는 줄 몰랐다구 놀라워했어.

애금 그래?

애선 그런 일이 있으면 친정으루 오지 왜 이러구 있어. 부모 형제 없는 고아마냥.

애금 어떻게 얼굴을 들구 가.

애선 이혼이 대수여? 맘 안 맞으면 안 살 수두 있는 거지. 넌 서울서 대학까지 나온 애가 시골서 중학교밖에 못 나온 나만치두 약질 못해 탈이여.

애금 그 산골에서 손톱으로 바위 뜯듯 농사 지어 막내딸을 대학까지 보낸 보람으루 안 먹어두 배부를 거라구 남들의 부러움을 샀던 부모님께 차마 이 몰골로 갈 수는 없었어.

애선 이런 데서 혼자 살 생각을 하다니, 사람한테 물린 거여?

애금 혼자가 아니야. 식구가 많아. 저기. (돌탑들을 가리킨다)

애선 많기두 하네. 저걸 다 니가 쌓은 거여?

애금 응.

애선 저걸 쌓아 뭐하려구?

애금 아득이 마을을 찾아 헤매다가 빈집을 만났어. 좀 외지긴 하지만 동네가 멀지 않아 의지가 되구. 이사를 와서 둘러보니까 작은 돌탑 두 개가 나를 반기는 거야. 쟤들을 친구 삼아 살아야겠다. 나도 돌을 주워다 하나씩 쌓으니까 탑이 되데. 처음에는 돌이 자꾸 무너져 내려 많이 맞았어. 차츰 요령이 생겼지. 돌탑을 쌓다 보니까 내 마음속의 응어리가 차분히 가라앉고 원망도 미움도 옅어지더라구.

애선 몇 년을 그렇게 산 거여?

애금 3년.

애선 밭뙈기 하나 안 보이는데 뭘 먹구 살았어?

애금 이슬 먹구.

애선 나랑 내려가자. 사람이 너무 외로우면 치매 걸린다는 얘기 못 들었어?

애금 쟤들이 있는데 외롭기는.

애선 돌무더기가 말을 해? 웃을 줄을 알어?

애금 쟤들이 나를 얼마나 잘 웃긴다구.

애선 돌은 돌일 뿐이지.

애금 쟤들은 나를 의지하구 나는 쟤들을 의지하는 거야.

애선 돌을 의지하구 살다니, 불쌍한 내 동생. (울먹울먹한다)

애금 아마 이 근방에서 내가 제일 행복할 걸.

애선 이런 데서 행복은 무슨.

애금 얘들아! (메아리가 돌아온다) 얘들아! 나 여기 있어.

애선 니가 부르는 소리가 메아리로 돌아오는 거잖어.

애금 그래두 대답이 돌아오는 게 어디야. 도시에선 어림없는 일인 걸. 언니. 내 몰골이 그리 한심해?

애선 그래.

애금 난 완전한 자유인이야. 내가 내 주인이야. 아무도 나를 간섭하지 않고 지배하지 않아.

애선 장하다.

애금 나는 이제껏 이룬 일도 없고 성공도 못했지만 자살하지 않은 건 장하다고 생각해.

애선 너는 부모님 가슴에 못 박을 일은 하지 않을 사람이지. 심지가 굳으니까.

애금 (자조하듯) 심지가 굳어서 이렇게 산다? 그건 아니야.

애선 그러나 저러나 TV에 나왔다는 복주머니는 어디 있어?

애금 방에.

애선, 방문 앞으로 가서 안을 들여다본다.

애선 (입을 다물지 못하며) 저걸 니가 다 손으로 만들었어?

애금 손으로 만들지 뭐루 만들어?

애선 뭣에 쓰려구?

애금 복 좀 있으라구. 만들다 보니까 자꾸 숫자가 늘어났어. 지지리두 서방 복 없는 박애금이두 복 좀 있어라. 헝겊이 떨어지면 입고 있는 치마로도 만들었어.

애선 저 많은 복주머니에 다 복이 담겼다면 넌 복에 치이고도 남아야 되는 거 아녀?

애금 TV에 나가구 나서 사람들이 찾아왔어. 복주머니를 팔라구. 거절했지. 돈을 벌려구 만든 게 아니니까. 그래두 정 조르는 사람에겐 거

저 주었어.

애선 사겠다는 사람에겐 팔아서 옷 좀 해 입어. 네 그 옷은 유행이 몇 바퀴 지난 거여.

애금 복을 많이 타고 나서 누리며 사는 사람들이야 내 복주머니가 무슨 필요겠어. 세상엔 남편 복, 자식 복, 재물 복 없는 여자들이 많은가 봐. 찾는 사람이 많아.

애선 그럼 내려가서 미싱으로 만들어 팔면 되겠다.

애금 기계로 대량 생산 하는 것엔 기도가 깃들이지 않아 의미가 없어.

애선 기도를 어쩐다구?

애금 기도를 한 땀 한 땀 박은 거야.

애선 내가 미싱 바느질은 잘하잖니. 의상실에 다녀서.

애금 천을 가지고 온 동대문 포목상도 있었지만 돌려보냈어. 장사를 할 마음은 없거든.

애선 넌 길을 두구 외루 가는 데 뭐 있어. 나 같으면 돈 벌어서 이 손바닥만 한 집부터 헐고 새로 짓겠다. 이게 사람 살 집여?

애금 세상의 잣대로만 나를 평가하는 사람을 만나면 나는 슬퍼져. 나는 이런 사람이라 이 모양으로 살 수밖에 없는 걸 어쩌라구.

애선 돌 가지구 씨름하구 돈두 안 되는 주머니나 만드는 게 사는 거여? 너 이렇게 살라구 어머니 아버지가 허리띠 졸라매며 서울로 대학 공부 시키신 줄 알어?

애금 부모님께는 죄송해.

애선 죄송한 줄 알면 다르게 살면 될 거 아녀?

애금 낮엔 돌 주으러 다니고 밤엔 복주머니 만들고, 두 시간밖에 못 자.

애선 세상 끝날이 눈앞에 온 것처럼 누가 너 보고 그러래?

애금 난 아직 낭떠러지에 서 있거든. 언제 문득 뛰어내리고 싶어질지 몰라. (비감에 잠기려는 자신을 털어버리듯 입꼬리를 한껏 올린다)

애선 (애금을 끌어안으며) 상처가 얼마나 깊었으면 아직두 아픔을 떨치지 못

했을까? 아이구, 이 최 서방이란 놈, 남의 딸 데려다 무슨 짓을 한 거여?

창대와 강재, 왼쪽에서 등장. 창대는 기름이 질질 흐를 만큼 잘 먹는 티가 나는 장년의 사장. 강재는 그의 비서로 설설 기는 태도가 몸에 배여 허리가 구부정하다. 허름한 서류가방을 들고 있다.

강재 계십니까?

애선 누구세요?

강재 박애금 아주머니를 좀 만나려고 왔는데요.

애선 동대문 포목전에서 온 분이라면 그냥 가보세요. 우리 애금이는 복주머니를 팔 생각은 전혀 없으니께.

강재 포목전이라니요. 이분은 대망부동산컨설팅 사장님이시오. (창대를 정중히 소개한다)

애선 사장님이 이 산중에 무슨 연유로?

창대 (눈짓을 하며) 뭐해?

강재 예, 예, 사장님. (가방에서 서류 같은 것을 한 장 꺼내어 애선에게 준다)

애선 (그것을 받아 애금에게 건네며) 이게 뭐라냐?

애금 (받아서 읽는다) 비봉산(飛鳳山) 10번지 등기필증?

강재 여기가 비봉산 맞지요?

애금 사람들이 그렇게 부릅디다.

강재 10번지 맞지요?

애금 번지는 몰라요.

강재 저희 사장님께서 이 일대를 매입하셨다 그겁니다.

애금 그래서요?

강재 아줌마는 불법 점거자가 되는 거지요.

애선 아이구, 좀스러워라. 큰 사업하는 양반이 어찌 쪼맨한 밭 한 뙈기

도 안 되는 땅을 욕심 내 이리 행차를 하다니,

창대, 이리저리 왔다갔다 사방을 두루 살핀다. 흡족한 미소를 짓는다.

애선, 애금의 손을 잡고 집 뒤로 간다.

창대 신 부장. 각서를 받으라구.

강재 각서라니요?

창대 언제까지 여기를 비우겠다는 약속을 받아내란 말이야. 한 달 기간 줘.

강재 그건 무리가 아닐까요?

창대 자넨 걱정부터 하는 게 탈이라구. 그래 가지구 이 험한 세상을 어떻게 사나?

강재 사실 부동산 떼부자인 사장님이 이까짓 땅이 남에게 빼앗아야 할 만큼 대단한 건 아니지요.

창대 빼앗다니, 말 바로 해.

강재 이사란 적어도 두 달은 줘야 하는 건데 한 달은 무리지 싶구요.

창대 시간 없어. 빨리 처리해.

강재, 방 앞으로 쭈뼛쭈뼛 가 큼큼 인기척을 낸다.

창대 뭐해?

강재 저, 아주머니.

아무 반응이 없다.

강재 (좀 크게) 아주머니, 좀 나와 보세요.

애금과 애선, 집 뒤에서 나온다.

애선 아직도 안 갔어요?

강재 언제까지 이사를 갈 수 있는지 확실하게 말씀해 주셔야……

애금 이사라니요? 누가 이사를 간다구 그래요?

강재 그러니까, 이 비봉산 10번지 일대 2만 평을 우리 대망부동산컨설팅회사에서 매입했으므로 그동안 이곳을 무단 점거하고 살던 점거자는 이사를 가야 한다 이 말입니다.

애금 무주공산(無主空山)이란 말 몰라요?

강재 무주공산이 뭡니까?

애금 임자 없는 산이란 말이에요.

강재 임자가 없기는요. 우리 대망 권창대 사장님이 임자지요.

애금 (속으로 깜짝 놀라 비명이 나오려 하는 것을 참는다) 권창대 사장?

강재 (반기며) 아주머니두 우리 사장님을 아시네요?

애금 집장수의 걸터듬는 손이 여기까지 미친 이유가 뭐죠?

강재 그게 그러니까……

창대 신 부장. 여러 말이 무슨 필요 있어? 등기필증을 보고도 잡아떼는 사람은 대한민국 법을 모르는 사람이지.

애금 법을 아주 잘 지키는 분 같네요. 착한 사마리아법 아시지요? 그렇다면 2만 평 중 30평두 안 되는 이 오두막과 돌탑이 있는 자리를 빼앗겠다는 생각은 하지 않는 것이 정상이지요.

강재 이곳은 사장님이 종친회장으로 계시는 팽주 권씨 종중 영모대(永慕臺) 신설 부지로 희사하기로 매입했기 때문에 사장님이 직접 오신 겁니다. 종친회에서 차기 국회의원 선거에서 사장님을 밀어 주기로 철석같은 약속이 되어 있어서.

애금 바야흐로 납골당 건립 대 유행시대가 도래해 너두나두 돈푼깨나 번 사람들은 대궐 같은 납골당을 짓는다지요?

강재 조상을 잘 모셔야 자손들이 번창하는 법이니까요.

애선 앞으로 자연장(自然葬)이 유행할 거라든데 못 들었어요?

강재 금시초문인데요.

애선 납골당 그거 돈 처들여 해놨자 말짱 헛거래요. 한 달도 안 되어 벌레가 다 파먹고 곰팡이가 나서 하나마나라고 너도 나도 자연장이 최고라고, 작은 공책 한 권 크기라 땅도 조금 차지해서 좋다고요. 괜히 거금 들여 납골당 만들었다고 후회하는 사람들이 많다는 소문이 파다해요, 시골에서.

창대 지지리 없는 것들이 발명해 낸 걸 거야. 조상을 그렇게 성의 없이 모신다는 게 말이 돼?

애선 납골당 동산 만하게 만들어 돈 자랑하던 사람들 코가 납작해졌어요. 도시로 나가 성공한 사람들이 일부러 먼 선산(先山)으로 성묘하러 오기 싫어해 인기가 없어졌다네요. 설, 추석 명절에는 비행기를 타고 외국 여행 가는 것이 몇 시간 차를 타고 조상 묘를 찾는 것보다 쉬운 세상이 되었으니깐.

강재 그래도 명당에 묘를 쓰면 발복(發福)한다니까 재벌도 명당을 찾는 거지요.

애금 여기가 명당이라구 어느 풍수쟁이가 풍을 칩디까?

강재 대한민국 제일의 풍수쟁이 방개동 영감이요.

창대 뭐해? 신 부장. 각서를 받으라니까.

강재 예. (가방에서 종이와 펜을 꺼내 애금에게 건네며) 여기에 성함과 주소 쓰구 명도 일자 쓰구 도장 찍으면 됩니다.

애금 난 문맹이유.

창대 가난해 빠진 집 딸인 모양이군. 신 부장이 대신 쓰구 지장 받어.

강재 각서란 본인이 쓰는 거 아닙니까?

창대 문맹이라잖아.

애선 문맹? 누가?

창대 한 달간 여유를 줘. 한 달이야, 딱 한 달.

애금 (탑들을 가리키며) 쟤들이 웃겠어요.

창대 쟤들? 여기 아이들이 있나? 어디?

애금 탑이요.

창대 개를 자식처럼 끼구 사는 여자들은 보았어두 돌더미를 자식이라는 여자는 처음 보네.

애선 그만큼 귀히 여긴다는 뜻이지 누가 자식이랬어요?

창대 돌은 우리 영모대 담 치는 데 쓰면 되겠군.

애금 저 돌들은 내 것이에요.

창대 댁이 돌을 만들었다는 건가?

애금 내가 사방에 다니며 모아 온 거라구요.

창대 이 산에 본래 있던 돌에 대해 소유권을 주장하다니, 오죽 가진 게 없으면 저까짓 돌에 욕심을 낼까?

애금 그래, 돌 다 가지구 가요. 돌이 중요한 게 아니에요. 내가 탑을 쌓은 마음이 중요한 거지. 날로 사람다움을 잃어가는 사람들이 판치는 이 세상이 아닌 이상세계를 그려 보느라 시간 가는 줄 몰랐어.

창대 저까짓 것, 포클레인으로 밀면 5분 안에 끝날 걸 신주단지마냥 위하기는……

애금 당신은 당신이 온갖 수단 다 동원해 키운 사업을 누가 나씽 투 루스, '아무것도 아니다'라고 하면 좋겠어요?

창대 허! 내 사업하구 이까짓 돌쌓기 놀이를 비교하다니. (하늘을 향해 홍소를 날린다)

애금 탑 쌓는 일이 놀이로 보여요?

창대 이딴 걸 무슨 예술이나 되는 줄 착각하는 모양인데 아무것도 아닌 돌을 주워다 쌓느니 나 같으면 시장 바닥에 가서 좌판 장사라두 하겠다.

애선 보자보자 하니까 참 듣기 거북하네요. 우리 동생한테 저 일이 얼마만한 의지가 되는 건지 모르면 돌아들 가세요. 우리 동생은 법 없이도 살 사람이오. 이 산중에서 아무한테도 피해 안 끼치고 사는 사람을 그리 하찮게 대하는 당신네들이 돈이 얼마나 많은지는 모르지만 그게 내 동생과 무슨 상관이요?

창대 돈을 벌어봤어야 돈의 가치를 알지.

애선 우리 동생도 한때 서울서 기자 생활까지 한 사람인데……

강재 기자 생활? 문맹이 어떻게?

창대 사람을 눙칠 줄을 안다 그거지?

애금 누구나 죽음 앞에서는 겸손해지는 법이지요.

창대 돌놀이 아줌마가 갑자기 철학자 흉내를 내니 가관일세.

애금 채리원 씨 아시지요?

창대 (속으로 찔끔하여) 뭐? 누구?

애금 권 사장님이 재수 없어서 사업 안 된다고 이혼해 버린 채리원 씨가 내 고향 선배 언니예요. 간호사 해서 남편 뒷바라지한 죄밖에 없는데 어느 날 젊은 처녀랑 살아야 사업이 번창하는 힘을 얻겠다고 버렸다면서요? 자기는 강남의 60평짜리 아파트에 새살림을 차리면서 겨우 강북에 전셋집 한 칸 마련해 주구. 어떻게 부동산 최고 전문가가 자기 딸 엄마를 전셋집을 전전하게 할 수 있어요?

창대 아줌마가 뭔데 남의 가정사를 왈가왈부야?

애금 어떤 남자기에 그리 모질게 아내를 버리나 궁금했어요.

창대 나 같으면 이렇게는 안 살겠네. 여기의 최대 결격 사유는 남자가 없다는 거야. 남자를 만나서 재미있게 살지 인생 그거 잠깐인데 중처럼 살 필요가 있나? 청승 떨며 혼자 산다구 누가 상을 줄 것도 아니구.

애금 자신을 돌아보세요. 올바르게 살았는가. 올바르게 살고 있는가.

창대 내가 제일 싫어하는 게 남자에게 반기(反旗)를 드는 여편네야.

애금 (대들 듯이) 채리원 씨를 왜 버렸어요? 박대(薄待)해서 심장병에 걸리게 해 놓고.

창대 (애금의 말을 무시하며) 아줌마는 영혼 아니 영혼, 육체 모두 백옥같이 깨끗한 모양이니 믿어두 되겠네. 이사 비용으루 기십만 원이면 될 거야. 살림이라구 뭐 1톤 트럭 하나도 남겠는데. (지갑에서 10만 원권 수표 한 장을 꺼내 강재에게 준다)

강재 예. 그럴 것 같네요. (창대에게서 수표를 받아 애금에게 건넨다. 애금, 받지 않는다)

애선 2만 평이나 샀다면서 그중 손바닥만한 땅을 사정 봐줄 수 없다는 게 말이 돼요?

창대 난 내 심기를 거스르는 사람은 용서 못해. 남자를 원수 보듯 하는 여자들, 거 다 웃기는 거라구. 남자 없이 사는 게 좋기만 한가? 그래. 얼마나 좋아?

애금 상처하고 딸 같은 여자와 사는 게 꿈인데 안 되니까 이혼한 거예요?

창대 더 좋은 여자와 사는 게 뭐가 나빠?

애금 더 좋은 여자, 더 안 좋은 여자가 어디 있어요? 조강지처가 우선이지.

창대 아줌마두 이혼을 당했다면 분명 뭔가 이혼당할 만한 이유가 있었을 거야. 내가 보기엔 너무 남자를 이기려고 해서 그런 것 아닌가?

애금 나는 사별했어요.

창대 사별 과부는 생별 과부보다는 쬐금 낫지. 소박데기는 아니니까.

애금 자기 자신이 얼마나 큰 잘못을 범했는지 모르고 희희낙락하던 사람일수록 말년에 '내가 잘못 살았다'는 양심의 소리와 맞닥뜨릴 확률이 50% 높다는 거 모르죠?

창대 나는 누가 나를 가르치려고 들면 열이 확 뻗쳐. 나 대한민국 제일의 부동산 컨설팅 CEO야. 방송에두 나간다구. 대한민국에서 내 이름 모르면 간첩인 거 몰라?

애금 이재에 밝아 자수성가한 솜씨로 국회에 나가 나랏돈 왕창 긁어 먹겠다는 속셈의 뿌리를 종중 뼛가루 벌레 먹는 납골당에 두지 말고 장학사업을 하면 자기도 모르게 사회에 입힌 손실을 만회할 수 있지 않겠어요?

창대 내가 사회에 손실을 입혔다고? 증거 있어?

애금 온 국민이 저 사람이 저렇게 TV에 나와, SNS로, 엉터리 제 주장만 이빨 빠지게 늘어놓다가 정권 바뀌면 골로 갈 거라고 하는 뻰뻰 미꾸라지 중의 하나 아닌가요?

창대 거 이상한 여자네. 추어탕 먹고 싶으면 을지로 4가에 있는 맛집 '고향'을 찾아가지 이 산중에서 웬 미꾸라지 타령이야? 연목구어(緣木求魚)하지 말고 천지분간 못하고 헤매는 정신이나 붙잡아 매.

애선 열불 나서 못 보겠네. 니가 뭘 잘못했다구 저 인정머리 없는 사람한테 저런 소릴 들어? 가자. 우리 집으루 가. 우리 앞밭에 탑을 백 개라두 쌓아.

애금 못 가.

애선 왜?

애금 여기 살아야 아득이 마을을 찾을 수 있어.

애선 아득이 마을?

애금 내가 서울 살 때 늘 그리워하던 이상향 아득이 마을.

애선 여기보다 더 경치 좋구 돌두 많은 데를 찾아보자. 저 사람들이 납골당 만들면 여긴 남아나지 않을 거여. 귀신들이 득시글거릴지두 모르구.

창대 남의 조상의 혼백을 모시는 지엄한 자리를 뭐라구 모독하는 거야?

애선 이를테면 뼛가루 모시는 데가 꽃밭처럼 아름다울 수는 없다는 거죠.

창대 이 중에 나중에 뼛가루 안 될 사람 있어? 용빼는 재주루? 천년만년 살 거야?

애금 조상을 위하는 게 나쁘다는 게 아니라 거기에 최고의 비중을 두노라 다른 일을 그르칠 수도 있다는 얘깁니다. 땅을 많이 가진 사람들 중엔 땅 늘리는 재미에 빠져 형제간 친구 간에 의를 상하는 짓을 서슴지 않는 사람이 적지 않다는 걸 땅 부자라 모르시나요?

창대 남 땅 사는데 배 아파하지 말고 당신도 땅을 사면서 살아 보라구.

애금 그런 욕심 안 부리고도 나는 충분히 사는 보람을 느끼고 있어요.

창대 내 눈에는 단 10%도 잘사는 사람으로 보이지 않는데.

애금 (코를 막으며) 권창대 사장님. 공기가 탁해지려고 하네요. 그만 가 주실까요?

창대 여자 냄새가 제로인 거 수치 아닌가?

애금 어떤 재벌이 장애인 복지 시설 지을 데에 회사 연수원을 지었다가 아들이 교통사고로 죽은 거 몰라요?

창대 여긴 내 산이야. 나 대망부동산컨설팅 권창대 소유라구.

애금 남에게 원한을 품게 하면 당신에게도 횡액이 닥치게 돼 있다구요.

창대 천만에. 난 재복을 타고난 사람이야. 내 손이 마이다스의 손인 거 몰라?

애금 이리루 오세요. (앞서서 맨 앞 탑께로 간다)

창대 (마지못해 애금을 따라 가며) 이래서 속이 배배 꼬인 족속은 상대하지 말아야 한다니까.

애금 권 사장님. 〈신곡〉을 읽으셨나요?

창대 홍미희의 신곡 〈애정쌍곡선〉 그거 히트하겠던데.

애금 이탈리아 시인 단테의 〈신곡〉을 읽어 보셨느냐구요?

창대 거기 뭐 글로벌 시대에 부동산건설업으로 떼돈 버는 법이라도 있다는 건가?

애금 혀로써 죄를 지은 자는 혀로 모래로 된 길을 밤낮 쓸게 된다는 이야기가 나와 있어요.

창대 아스팔트 포장이 산골까지 깔리는데 모래로 된 길이 어디 있어?

애금 자기가 하는 일은 온 세상 사람이 다 그르다고 해도 옳다고 박박 우기는 사람들이 맡아놓은 길이지요.

창대 아는 것 많은 걸 보니 먹고 싶은 것 많겠는데 왜 비쩍 말랐나?

애금 굵은 모래로 된 길을 하루 종일 혀로 쓴다고 생각하면 두렵지 않아요?

창대 이따위 보잘것없는 탑이나 쌓으면서 지지리 가난뱅이로 사는 건 죄 아닌가?

애금 (탑을 쓰다듬으며) 돌 하나하나에 기도를 담았어요.

창대 욕심이 없어 보이니 하늘에서 돈벼락 쏟아져라 빌었을 것 같진 않고, 남편이 없으니 아들 낳게 해달라고 빌 구실도 없고, 뭘 빌었나 모르겠네.

애금 우리나라 모든 국민이 더 이상 악해지지 않게 해달라고 빌었어요.

창대 (짐짓 놀라는 표정을 지으며) 내 한 몸 간수도 지지리 궁상인 일개 시민이 잘 먹고 잘살고 있는 국민들 걱정을 하다니 어느 집 황소가 자다 웃겠네.

애금 권창대 사장님을 위해서도 나는 기도합니다. 이 순간.

창대 사절, 사절, 필요 없어. 이사나 가.

애선 나 같으면 슬그머니 없던 일로 하고 돌아가겠네. 내 것을 빼앗으려는 사람을 위해 기도를 해준다는 건 여간 어려운 일이 아닌데.

창대 닷푼짜리도 안 되는 오지랖에 걸릴 내가 아니지.

애금 당신은 산 육체에 죽은 영혼을 가진 사람 아닙니까?

창대 나는 사업가로서 경제 전문가고 아줌마는 뭐냐, 정신적인 무엇을 우선시한다는 거 아닌가? 육체 없는 정신이 있나?

애금 육체와 영혼은 상호 의존하며 더불어 사는 일체죠.

창대 숨 쉬고, 먹고, 이 세상에 사는 것은 육체니까 영혼은 육체에게 감사해야 옳지.

애금 옳고 그름, 선과 악의 방향타를 잡는 것이 영혼이니까 육체가 영혼에게 감사해야지요.

창대 육체가 우선!

애금 육체의 욕망대로만 행동한다면 인간이 뭐가 되겠어요? 인간만이 영혼, 고결한 영혼을 가진 겁니다.

창대 (장난스레) 지금 내가 아줌마를 한 대 갈겨 눈퉁이가 밤탱이가 되게 한다면 어느 쪽이 아플까?

애금 (놀라서 뒷걸음치며) 어느 누구도 남에게 폭력을 행사할 권리는 없는 겁니다.

창대 눈퉁이가 아프겠지. 자존심도 좀 상할 거구.

애금 맞아야 할 아무 이유도 없이 두들겨 맞은 인격적 모독을 견디기 어려운 건 아마 영혼일 걸요. 그건 아무도 침해할 수 없는 인간으로서의 존엄성을 짓밟히는 거니까. 영혼에 남은 상처는 평생 아물지 않고 때때로 비슷한 상황에 부딪히면 피를 흘리게 될 거구요.

창대 (능치러 든다) 피를 흘리는 영혼의 상처가 있다는 얘긴데……

애금 대부분 여자에게 상처 입히기를 좋아하는 남자들은 그것이 상대에게 얼마나 큰 상처를 주는 것인지를 모르지요. 그러니까 여자들이 한이 많은 거구요.

창대 다 여자 할 탓이지. 남자 기를 살려야 사업도 잘 되는 거거든.

애금 아내는 지배하고 억압할 소유물이 아닙니다. 서로 봉사하는 거지요. 가정에서는 가족에게, 나가서는 사회와 이웃, 국민에게. 그런데 지배하려고만 하니까 사리사욕에 빠진 기업가, 당리당략에 함몰되어 국가와 국민에게 큰 해악을 끼치는 정치가가 늘어나는 겁니다. 자기 외에 사람 없다고 언젠가는 와르르 무너질 교만의 바벨탑을 쌓는 데 정신이 없는 인사(人士) 천지 아닙니까?

창대 (득의만면하여 마당을 빙빙 돌며) 무너지는 것이 탑의 운명이라는 걸 잘 아는군. 신 부장, 얘기는 끝난 거야. 방금 저 유식한 아줌마가 말하는 걸 자네두 들었지?

강재 바벨탑이 어쨌다구요?

창대 탑들 때문에 이사를 못 간다는 명분이 없어진 거야.

애금 탑은 아득이 마을을 찾기 위한 준비작업이에요.

창대 아득이 마을이 뉘 애 이름인가?

애금 거기 한 번 들어가면 죽지 않고 영원히 사는 마을이에요.

창대　그걸 아줌마가 찾는다구? 턱두 없지.

애금　꼭 찾고 말 거예요.

창대　공사를 하다 보면 내 눈에 띌 거야. 난 원래 복이 많은 사람이니까. 아줌마같이 한 남자로부터도 사랑을 받지 못한 박복한 여자의 눈에 띌 리가 없지.

애선　(느닷없이 창대의 멱살을 잡으며) 박복한 여자? 당신이 내 동생이 박복한지 유복한지 알구 하는 소리여?

창대　(애선의 손길을 떼어내며) 옷 입은 꼬락서니 하고, 누르팅팅한 얼굴, 여자, 맞아?

애금　아득이 마을을 찾아서 권창대 씨를 그 앞에 세워 보고 싶은데.

창대　산 임자가 난데 내 맘대루 들어가면 되지.

애금　착한 사람한테만 들어가는 문이 보이니 권창대 씨 눈에는 결코 안 보일 걸요.

창대　그런 천하 명소가 있다면 내가 찾아. 아, 방개동 영감한테 물어보면 되겠군. 신 부장, 당장 핸드폰 걸어봐. 이 근처에 영원히 죽지 않고 사는 아득이 마을이라는 게 있는지.

강재, 핸드폰 번호를 누른다. (사이) 이윽고 상대편에서 전화 받는 소리.

강재　아, 회장님. 저 대망 신 부장인데요. 안녕 무고하시지요? 지금 사장님 모시고 비봉산에 와 있는데요. 이 비봉산에 영원히 죽지 않고 사는 아득이 마을이 있습니까? 그런 게 어디 있느냐구요? 누가 그런 말두 안 되는 소릴 하구 자빠졌느냐구요. 그런 데가 있으면 회장님이 제일 먼저 들어가지 왜 이 번다한 세상을 살겠느냐구요, 절대 없다구요. 네, 알았습니다. 안녕히 계십시오. (창대에게) 절대 없답니다.

창대　안 그렇게 보이는데 사기를 치려 하다니.

애금 이런 제안을 하는 사람을 다시는 못 만날 겁니다.

창대 이래봬두 내가 자수성가한 중소기업인상까지 받은 몸인데.

애금 세속적 성공이 전부는 아니지요. 신문, TV에 요란뻑적지근하게 각광받던 인물이 얼마 안 가 형편없이 추락하는 예만 모아도 책 한 권이 되고도 남을 걸요.

창대, 갑자기 마당 가로 뛰어가 탑을 있는 힘을 다해 발로 찬다. 탑이 우르르 무너진다.
순식간의 일이라 애금과 애선, 놀라서 파랗게 질린다.

창대 내 땅에 있는 방해물, 내가 치운다. (돌을 집어 마당 밖으로 마구 던진다)

애선 참 대단하시네요. 사장이라는 양반.

창대 기도문 쪽지라도 나올 줄 알았는데 없잖아.

애금 어디에 있다고는 말하지 않았어요.

창대 다 허물어야 나온다는 건 없다는 얘기야. 할 일 없으니까 이걸 탑이라고 쌓았다 헐었다 한 거지? 시간 때우기 위한 놀이를 한 거 아닌가?

애금 요새 높은 자리에 앉아 큰 잘못을 저지르고도 잘못이 없다고 우기고 상대방을 고소해서 어떻게든지 제 잘못을 인정하지 않고 버티는 떼쟁이유행병이 만연하는 게 코로나보다 우리나라를 위해서 더 해로운 거 아닌가요? 국민을 오도(誤導)하는 죄.

창대 법까지 좌지우지하면서 사는 재미를 아마 모를 걸. 상위 1%에 드는 사람들이 누리는 행복을 알아? 부자로 산다는 건 불가능이 없다는 거야.

애금 만능 키 노릇을 하는 그 부나 권력의 횡포의 끝이 득일지 손일지는 아무도 모르는 거잖아요.

창대 이기고 보는 거지. 힘으로 밀어붙여서 안 되는 일 있어?

애금 나쁜 것만 탐하는 눈이 엄청 밝으시네요. 의원이 되기 전부터 썩었으니 안 되는 게 좋겠어요.

창대 되고 말 테니까 두고 봐.

애금 '저 사람이 없어져야 세상이 깨끗해진다.'는 말을 듣는 사람이 쌨던데 그렇게까지 나쁜 사람은 아니죠? 설마 리원 언니같이 바른 사람이 그런 사람을 택했을 리가 없어.

창대 나 알고 보면 인정 많은 사람이라구.

애금 자의로 정한 퇴거 명령을 거두고 가신다고 알겠습니다.

창대 한 달이야. 여기에 탑이란 건 하나도 남아 있어선 안 돼. 겉모습보다는 먹물도 들었고 천주교 신자라 양심도 있는 거 같으니 경우 없는 짓은 안 할 거라 믿고 가지.

애금 부탁이 있어요.

창대 (비아냥거린다) 고귀하신 분께서 어떻게 부탁까지?

애금 권 사장님을 위한 겁니다.

창대 나 위해 줄 필요 없어. 아줌마 아니래두 나를 위해 주는 사람 많으니까.

애금 남자들은 여자에게 결코 잘못했다는 말을 하지 않는다지요?

창대 천하의 주인이고 국가의 주인이고 집안의 주인인 남자가 먹여 살리는 여자에게 굽실거릴 이유가 있나?

애금 죄 없는 여자를 버리고서도 아무런 대가도 지불하지 않는 게 도리라고 생각하는 건 아니겠죠?

창대 헤어지면 싹 잊고 살게 돼 있어. 남자의 생리가 그래. (애금을 아래위로 훑어보며 낄낄거린다)

애금 이혼을 먼저 제기했으면 물질이라도 궁하지 않게 해주는 게 남편의 도리 아닌가요?

창대 여편네들 웃기는 게 그거야. 지가 벌어서 잘살 수 있다고 착각하는 거. 살아 봐. 얼마나 잘살아지나?

애금 중병에 걸리지만 않으면 일해서 살 수 있어요.

창대 병 걸려 빌빌거리는 여편네를 책임질 전 남편은 세상에 없을 걸.

애금 우월한 쪽이 후해야 되는 거 아니에요?

창대 고맙다고 말 한 마디 하면 될 걸 안 하는데 누가 줘?

애금 얼마나 아까워서 벌벌 떨었으면 말이 안 나올까요.

창대 고상한 척 자존심 내세운 보람이 제로여서 후회해도 소용없지.

애금 당신은 요만큼도 계산상 수지 안 맞는 일은 하지 않는 주의지요. 세상에 나만 못한 사람, 나보다 못난 사람은 없는 법입니다.

창대 자기만 못한 사람이 하나도 없다는 건 세상에서 꼴찌라는 얘긴데 부끄럽지 않은가?

애금 누구 보고 세상에서 제일 못난 사람이라는 건가요?

창대 내가 이 산을 산 임자라는 증명을 보였을 때 "사장님, 어려운 사람의 사정을 보아 주십시오. 갈 데가 없습니다. 사장님의 존함은 익히 들어 알고 있었습니다, '부동산계의 전설'이시지요? 적선하십시오." 했으면 될 걸 어디서 같잖게 각을 세우고 설교에 질타에……

애금 아무리 이곳에 대궐 같은 종중 납골당을 세워 크게 성공한 사람 모드를 흉내 낸다 해도 20년간 당신 속옷을 빨아줬던 한 여인의 상처로 곪은 마음을 풀어주지 않는다면 아무것도 아닙니다.

창대 에잇! 사람을 뭘루 알구, 너 따위가 감히? (구둣발로 방으로 뛰어들어가 손에 닥치는 대로 천정에 매달린 복주머니를 잡아채어 마당으로 내던진다)

애금 이사 갈게요. 돌 다 줄게요. 가져요. 다 가져요. 납골당 크게 만들어요. 내 복주머니만은 터치하지 말아요. 주머니들은 당신네의 소유권과 아무 관계가 없어요. 공간 점유권은 인간의 몫만이 아니니까. (너무 놀라 어쩔 줄 모르며 발을 동동 구른다)

애선, 서둘러 방으로 들어가 말리려는데 창대가 복주머니를 한 아름 가지고 마당으로 뛰쳐나온다.

창대 (강재에게) 라이터 가져와!

강재 라이터 없는데요. 저 담배 안 피웁니다.

창대 헝겊 조각으로 주머니나 만들고, 아무것도 아닌 돌탑이나 쌓는 주제에, 에잇! (씩씩거리며 복주머니를 구둣발로 마구 짓밟는다)

애금 당신은 지금 당신 자신의 인격을 짓밟는 겁니다.

애선 형편없는 사람이네.

창대 당장 떠나라구!

애금 잘못을 인정할 줄도 아는 게 군자(君子) 아닌가요?

창대 (씨근거리며) 끝까지 잘난 척이네. 같잖게스리.

애금 혹시 알아요? 권창대 씨도 어느 누구처럼 한밤중에 남몰래 눈물을 흘리는 날이 올지?

창대 눈물은 못난이들의 전유물이야. 제기랄, 너나 석 달 열흘 울고 살아라.

애금 진정으로 큰 상처를 준 가장 가까운 사람에게 용서를 빌면 새 사람이 될 수 있는 건데.

창대 신 부장, 내일부터 공사 시작하라구 현장소장한테 연락해.

강재 내일부터요?

창대 싹 밀어 버려. 저 오두막부터 아무것도 남기지 말구. 대한민국에서 제일가는 팽주 권씨 영모대 건설을 방해하는 것들은 모조리 없애 버린다.

애금 (간절히) 한 마디 하기가 그렇게 어려워요? 죄 없는 아내를 버린 건 잘못이었다고.

창대 내 사전에 사과는 없어. 무단 점거하고 산 건 싹 입 닫고 나 같이 난 인물한테 턱도 없는 객소리를. 에잇, 더러워서 원. (침을 탁 뱉는다. 씩씩거리며 애금과 애선을 노려보고 왼쪽으로 퇴장)

강재 이거 어쩌지요? (수표를 들마루에 던져 놓고 창대를 따라 퇴장)

애선 저, 저 인간 말하는 것 좀 보게. 에라, 허울이 아깝다.

애금 죽어도 제 잘못은 모르고, 사람이 죽어 간다고 해도 눈 하나 깜짝 않을 위인이야.

애선 정말 아득이 마을인가 뭔가를 찾을 거여?

애금 우선 방향을 수정할 거야. 남편 복 없는 여자들을 돕는 일을 먼저 하기로.

애선 너 자신을 위해 살아봐. 제발.

애금 단 한 사람이라도 내가 있어 웃고 살 수 있다면 나도 헛사는 건 아니니까. (창대가 짓밟고 간 복주머니를 하나씩 주워 먼지를 털어 정성껏 포개 가방에 담는다)

애선 그래, 내 동생이 아무려면 의미 없는 일을 할라구.

애금 언니, 우리 복주머니를 많이 만들어 팔자. 장사가 잘 되면 이보다 넓은 땅을 사서 남편의 사랑을 받지 못한 여자들이 와서 편히 쉴 쉼터를 만들자. 첫 손님은 채리원 언니가 되겠지? 아득이 마을을 찾아내는 것보다 슬퍼하는 여인을 위로하는 게 급해. 오늘 당장 내려가자. 이 땅은 권창대 조상 뼛가루들이나 모여 살라 하고. (산을 쳐다보며 손을 흔든다) 어딘가 있을 아득이 마을, 다음에 만나자.

–막

어긋난 톱니바퀴

등장인물

포드
트리시아
에릭
미국인 부부
현지 경비원
안내인

장소

자연동물원 츠쿤얀

무대

열대림이 우거진 가운데 두 그루의 열병나무가 도드라지게 서 있다.

열병나무 뒤쪽에 나무 오두막집이 있다.

접수대가 오른쪽 용혈수 옆에 있다.

도로나 도로 표지, 강, 사자, 코끼리, 하마, 표범, 치타, 악어, 자칼은 대형 사진이나 영상으로 대신하는 것이 무방하다.

막이 오르면

포드와 트리시아가 탄 차가 도착한다. 카키색 바지와 셔츠의 아프리카인 경비원, 긴 막대기를 들어올린다. 두 사람이 탄 차, 철망 담장에 뚫린 입구로 들어간다.

포드 (머릿속으로 내가 고개를 돌려 옆쪽을 보았을 때 옆자리에 앉아 있는 사람이 마그리트라면 하는 생각을 한다) 오긴 왔는데 어찌 될지……

트리시아 (밝고 쨍쨍한 목소리로 수학여행 온 여학생 같은 질문을 던져댄다) 여기가 어디예요? 얼마나 더 가면 되죠? 아유. 목말라 죽겠네. 저기 저 나무 이름이 뭐죠?

접수대, 장식이 요란한 제복을 입은 아프리카인 안내인, 두 사람의 예약 영수증을 받아 자기가 가지고 있는 명부와 대조한다.

안내인 여기서 머무르시려면 몇 주 전에 숙박료를 다 지불하고 예약하셔야 합니다.

포드 내 아내가 이곳 츠쿤얀이 얼마나 넓은지 알고 싶어 하는데요.

안내인 4백만 에이커입니다.

포드 (놀랍다는 듯이 휘파람을 불고 나서) 표범을 구경할 수도 있나요?

안내인 (어깨를 으쓱한 뒤 미소 지으며) 글쎄요. 손님은 운이 좋을 수도 있겠죠. 여기 1주일 내내 머무르시면 사자, 코끼리, 하마, 치타는 볼 수 있을 겁니다. 하지만 표범은 밤에만 활동을 하거든요. 손님은 오후 6시까지는 숙소로 돌아오셔야만 하구요. (시계를 보고 나서) 손님이 문을 닫기 전에 타부에 가시려면 지금 출발하셔야 합니다.

차로 돌아가는 포드. 타오르는 아프리카 태양. 주름 장식이 달린 옅은 노란색 드레스를 입은 트리시아, 왼쪽 팔을 열린 차창에 걸친다.

포드 (트리시아에게 안내원이 해준 이야기를 들려주고 접수대에 붙어 있던 경고문에 대해서도 이야기한다) 총기를 소지하고 자연동물원에 들어가는 행위, 동물에게 먹이를 주는 행위, 과속으로 차를 모는 행위, 쓰레기를 버리는 행위는 엄금이래. 그리고 가장 중요한 것이 또 하나 있어. 자연동물원에서는 차 밖으로 나가서는 안 된대.

트리시아 네? 잠깐 나가는 것도 안 돼요?

포드 거기에 그렇게 쓰여 있어.

트리시아 (얼굴을 찌푸리며) 멍청하고 낡은 규칙들이에요.

포드 나름대로 규칙은 있어야 하지.

트리시아 (짓궂은 표정을 지으며) 동물을 처음 본 사람한테 상을 주기로 해요.

포드 좋지. 상으로 뭘 주기로 할까?

트리시아 당신이 보면 내가 주는 거고 내가 보면 당신이 주는 거예요. 내가 먼저 동물을 보면 난 캠프의 가게에서 맘에 드는 선물을 하나 갖고 싶어요. 아주 멋지고 비싼 선물을요.

포드 나도 가게에서 내가 받을 상품을 하나 고를까?

트리시아 아니 당신은 키스예요. (트리시아, 마른 입술을 포드의 뺨에 누른다)

얼룩말들이 지나가도록 차의 속도를 늦추는 포드.

가시덤불
야생 백일초
덤불 속에 빨간 개미탑
이정표 **타부까지 48km

제한 최고속도에 맞춰 차를 모는 포드

트리시아 속도를 늦춰요.

포드 우리는 커다란 육식동물을 보지 못할 거야.

포드, 망원경을 꺼내 초점을 맞춘 다음 트리시아의 목에 걸어 준다.
트리시아, 망원경, 카메라를 깨뜨리고 우는 영상

긴 침묵.
포드, 땀에 젖어 연방 손수건으로 목을 훔친다.
갈림길 중앙의 돌을 쌓아 놓은 곳에 안내판 화살표들이 얽혀 있다.

타부

와카수수의 중앙 캠프

수수 강 건너의 하마 다리

화살표 위에 비비 한 마리가 무릎에 털북숭이 새끼를 올려놓고 있다.

트리시아, 그것들이 귀여워 못 견디겠다는 듯 비비를 향해 손을 뻗는다.

새끼의 머리에서 벼룩을 잡고 있는 비비

트리시아, 약간 신경질적인 비명을 지른다.

포드, 혐오스러우면서도 한편으론 즐겁다는 듯 차를 몰아 타부 쪽으로 간다.

타부의 캠프.
식당 하나, 가게 하나, 초가지붕의 오두막집들. 현관이 있는 나무 오두막집 포드와 트리시아, 북쪽 언덕바지에 있는 나무 오두막집을 배정받는다.

넓은 잔디밭을 지나 큰 갈대들 사이로 수수 강이 천천히 소리 없이 흐르는 것이 보인다.

포드, 혼자 가방을 몽땅 들고 현관의 나무 계단을 올라간다. 열병나무 두 그루를 본다.
트리시아, 빈손으로 달랑달랑 방으로 들어간다.

포드 (문을 밀고 들어가며) 말라리아 약을 먹어두는 게 좋겠소.

불을 켜자 맞은편 벽에 모기 두 마리가 앉아 있는 것이 보인다.

포드 아노펠레스는 말라리아를 옮기는 모기지. 그러나 불행하게도 모기들은 자기가 아노펠레스인지 아닌지 말해주질 않는단 말이야.

실내. 트윈베드, 탁자, 전등, 냉방기, 냉장고, 문, 화장실, 샤워 시설

트리시아, 어디를 갈 때나 꼭 들고 다니는 화장품 파우치를 창문가에 올려놓는다.

흐릿한 불빛들. 주차한 다른 자동차들

트리시아 (두 모기에게 말을 붙인다) 네 이름이 안나 필리스니? 아니라고? 그럼 넌 안전하겠구나. 저 모기가 그러는데 자기는 메리 제인이고 자기 남편은 존 헨리래요.

포드, 억지로 웃으려고 한다. 한때는 트리시아의 익살을 수용하고 그것에 익숙해진 적이 있었다. 그러나 그것은 마그리트의 재치를 맛보기 전까지의 일이었다.

포드, 샤워하러 간다.

트리시아, 현관에 서서 매미들이 우는 소리를 듣는다. 가방에서 옷을 꺼내 놓는다.

칠흑 같은 어둠
온통 별들로 수놓여 있는 하늘

트리시아 (혼잣말로) 마그리트에서 포드를 떼어내려고 살 빼고 새 옷 장만하고 헤어스타일을 바꿨지. 난 어려서 아버지가 무서워 어리광을 부렸어. 아이 노릇을 했어. 포드는 응석받이에 어린 소녀와 결혼을 했어. 그것을 좋아했지. 성숙한 여자 마그리트를 만나기 전까지. 나도 그것을 알고 있지만 어떤 방법으로 포드를 붙잡아 두어야 할지를 알지 못해. (사이) 내가 혼자였으면, 남편이라는 것을 가질 필요가 없었으면. 관습과 자존심 때문에, 그리고 나를 부양할 사람에 대한 필요와 교제 때문에 포드에게 이렇게 달라붙지 않을 수 있었으면…… (사자의 포효 소리 들리나 귀를 기울인다)

포드 (수건으로 몸을 감싸고 밖으로 나오며) 그 모기들 어떻게 했어? 모기약 어딨어?

트리시아 (겁을 먹고) 모르겠어요.

포드 모르겠다니, 그게 무슨 소리야? 당연히 알아야지. 내가 호텔에서 당신한테 모기약을 주면서 화장품 파우치에 넣으라고 했잖아.

트리시아, 모기약이 없다는 것을 뻔히 알면서 화장품 파우치를 연다. 모기약은 없다. 호텔 욕실 선반에서 모기약을 보았지만 너무 커서 그냥 두고 왔던 것이다.

트리시아 (입술을 깨물고 곁눈으로 포드를 보며) 가게에서 또 사면 되잖아요.

포드 트리시아, 가게는 7시에 닫아. 지금은 10시가 넘었어.

트리시아 내일 아침에 사면 된다구요.

포드 불행하게도 모기는 밤에 제일 극성을 부릴 거란 말이야. (트리시아의 화장품 파우치를 뒤적거리며) 이 쓸모없는 쓰레기들 좀 봐. 스킨 크렌징, 진주 파운데이션, 모이스처라이저. 당신이 뭐 젊은 모델이야? 당신은 진주 파운데이션보다는 모기약을 가져가야겠다는 생각은 들지도 않았겠지.

트리시아 그래도 말라리아 약은 가져왔잖아요.

포드 그 약이 모기가 무는 것을 막아주나? 마그리트 같으면 모기약 가져오는 것을 잊었을 리 없어. (다시 욕실로 들어가며 문을 쾅 닫는다)

트리시아 (울기 시작한다) 그의 머리에는 마그리트만이 꽉 차 있어. 타부에 오는 동안에도 마그리트가 강력하고도 고집스럽게 그의 머릿속을 비집고 들어오고 있었어.

이튿날 차 안. 포드는 모기에 물려 눈이 퉁퉁 부어 있다. 스물네 군데나 물려 가려워서 참기 힘들어 한다. 그런 포드의 얼굴을 보고 트리시아, 깔깔거리며 입술을 깨문다.
포드는 망원경으로 수수 강 지나 물웅덩이를 보고 수풀도 본다.

포드 (트리시아를 보며 일종의 공포를 느낀다) 내가 왜 그랬을까? 내가 왜 이 여자한테로 돌아왔을까? 내가 미친 건가? 이곳에 온 목적이 뭔가? 마그리트와 헤어지고 다시 트리시아에게로 영원히 돌아온 바로 다음 날 이곳을 예약했다. 사랑에 빠지는 것, 조강지처를 버리는 것,

새 출발을 하는 것은 엄금되어 있으니 할 수 없지. 트리시아와 화해하기로 합의한 뒤 휴가를 얻어 두 번째 신혼여행을 오게 된 거야. 마그리트와의 사이엔 굳이 노력하고 애쓰지 않아도 사랑이 샘솟아 올랐어. 근데 트리시아와는 그렇지 못해, 두 사람의 관계가 잘 되어 나가도록 노력해야 해. (고통스러운 표정을 짓는다)

트리시아 (몸에 꼭 끼는 핑크빛 바지에 장식이 우스꽝스러운 흰색 보일 블라우스를 입고 있다. 망원경으로 천축 보리수 가지 사이에 있는 작은 잿빛 원숭이 가족을 발견하고 창문으로 머리를 내밀고 이리 오라는 듯 손짓한다) 얘들아, 이리 와. (차 문을 열어 놓은 채 밖으로 나간다)

포드 감시원이 돌아다니다 당신을 발견하면 우린 골치 아프게 될 거야. (망원경으로 트리시아의 반대쪽을 본다. 수사슴 몇 마리가 보이고 백 미터가량 떨어진 곳에 치타 두 마리가 보인다. 트리시아를 불러 빨리 차에 태워야 하나 부르지 않고 치타를 지켜보고만 있다) 마그리트는 고양이를 좋아하지.

트리시아 (차로 돌아온다) 원숭이들이 너무 귀여워요.

오후 5시경 트리시아는 또 차에서 내리고 싶다고 한다.

포드는 그녀를 막지 않는다. 포드는 그녀를 놓아둔 채 차를 몰아 캠프로 돌아가는 상상을 해본다. 치타는 야행성 동물이다. 어딘가에서 어두워질 때를 기다리고 있을 것이다.

4명의 남자가 탄 차가 하마 다리 쪽에서 온다. 차가 속력을 늦추더니 운전자 에릭이 고개를 내민다.

에릭 부인이 저렇게 길가에 나가 계시면 안 됩니다.

포드 나도 압니다. 마누라한테 이미 말했어요.

에릭 (위협적으로) 실례입니다만 부인, 차에서 나가 있다는 게 얼마나 위험한 일인지 알고 계십니까?

트리시아 나를 고자질하지 않겠다고 약속하세요.

에릭 알아서 하세요. 혹시 잊으셨나 해서 일깨워 드리는 겁니다. (화난 듯 소리 지른다. 차 안으로 고개를 넣으며 차를 앞으로 몬다)

트리시아 (폴짝 뛰어서 포드의 옆자리에 앉는다) 신고만 했단 봐라.

포드 (앞서 가는 차 뒤를 따라간다) 경고문 얘기를 몇 번이나 해야 하지? 설마 일부러 그러는 건 아니겠지? 내가 말리지 않아서라고.

트리시아 모기가 난 안 물은 거 봤지요? 왜 당신만 스무 군데, 서른 군데를 무는지 모르겠어요. 치타한테도 통할지 몰라요. 나를 보고 물지 말아야겠다 하고 바라만 볼지도 모르잖아요. 호호.

포드 어디 그러나 볼까?

트리시아 겁 안 나요.

포드 모기하고 치타는 달라. 엄연히 종이 다르고 몸집도 다르지. 위험도도 몇 배인지 몰라.

트리시아 다시 안 내리면 되잖아요.

저녁 식사 하는 식당. 낮의 그 네 사람이 옆자리에 앉아 있다.

에릭 와, 사자 떼, 코뿔소 두 마리, 하이에나, 그리고 진귀한 검은 영양, 볼만했다구. 멀리서 봐도 사자 떼 무리 근사하더군.

트리시아 아유, 그렇게나 볼 것들이 많았어요?

에릭 (포드에게) 아까 그 하마 다리 근처에서는 별로 볼 것이 없어요. 동물들은 모두 소팅게에 있죠. 내일 아침에는 우선 소팅게부터 가 보세요. 내가 장담하는데 사자도 볼 수 있을 겁니다.

다음날 아침 5시. 포드는 트리시아가 자기와 교대로 운전을 할 수 있기를 바라지만 허사였다. 트리시아는 운전을 못 한다. 엉뚱한 행동을 하여 운전 면허 시험에 떨어졌던 것이다. 3킬로 지점에서 사자 무리를 만난다. 에릭과 그의 친구들은 이미 거기 와 차창 밖으로 몸을 내밀고 사진을 찍고 있다. 두 마리의 큰 암사자, 새끼 두 마리, 수사자와 새끼 두 마리가 길가에 누워 있다.

에릭 (트리시아에게) 여기 오면 운이 좋을 거라고 내가 말했죠? 여기서는 차 밖으로 나와서 구경을 하지 않기를 부탁합니다.

트리시아, 사자들을 보고 있다.

사자들 무리, 수풀 속으로 들어간다.

포드, 망원경으로 당당하고 우아한 사자들의 움직임을 본다.

소팅게의 물웅덩이 근처. 온갖 동물들이 모여 있다. 큰 부채 같은 귀를 가진 코끼리 한 마리가 코로 붉은 흙을 몸에 뿌려 바르고 있다.

트리시아 (차 밖으로 나가 코끼리 사진을 찍으려고 한다. 포드는 그녀를 막지 않는다. 트리시아는 카메라를 목에 거는 것을 잊고 물가로 내려가 안전한 거리를 두고 선다) 이 정도면 안전할까? 여기서 무슨 안전한 거리라는 것이 있을까? (악어를 바라본다. 차에 탄다)

에릭 어제 소팅게에서 흙길을 따라 수수 다리까지 갔는데 거기서 물가 나무 위에 있는 표범을 보았어요. 표범은 몸을 길게 뻗은 채 가지 위에서 잠들어 있었는데 좀 멀긴 했지만 망원경으로 똑똑히 볼 수 있었죠. 진짜 사각무늬 점이 찍힌 굉장한 가죽이더구만.

트리시아 나도 수수 다리에 가 보고 싶다.

포드, 흙길로 차를 몬다.

에릭 다리에서 한 8백 미터쯤 올라가세요. 거기서 왼쪽을 보면 노란 줄기의 나무가 있는 공터가 보일 겁니다. 표범은 그 공터 오른쪽에 있는 나뭇가지 위에 있습니다.

포드, 열병나무 한 그루가 서 있는 공터를 발견한다. 표범은 이미 가 버리고 없다. 포드는 천천히 차를 몰아 초록색 강물을 가로지르는 다리로 내려온다. 엔진을 끈다. 갑작스러운 침묵. 모기들만 날아다닌다.

트리시아, 차에서 내린다. 포드를 바라보고 허락을 구하는 수줍은 표정을 지을 뿐 포드를 귀찮게 하지는 않는다.
그녀는 빨간색과 흰색 줄무늬 드레스를 입고 있다. 허리띠를 꽉 졸라매었고 치마폭은 너무 좁다. 트리시아는 물가로 달려내려가 샌들을 벗는다. 과감하게 발을 물에 담근다. 웃으면서 발을 휘저어 물방울로 주변에 있는 마른 자갈들을 적신다.

포드 트리시아를 처음 만났을 때 저런 행동이 얼마나 사랑스러웠던가. 이젠 남은 생애 동안 저런 모습을 억지로 견뎌야만 하리라.

트리시아는 스커트 자락을 걷고 돌 위와 물속을 깡충깡충 뛰어다니고 있다. 주위에는 아무 동물도 보이지 않고 오후 내내 영양밖에 보지 못했다. 맞은편 둑으로 건너간 트리시아는 데이지를 꺾는다. 츠쿤얀의 규칙을 또 하나 어기는 순간이다. 그녀는 꽃 두 송이를 하나씩 귀 뒤에 꽂고 또 하나는 플라멩코 댄서처럼 입에 문다. 그리고 엉덩이를 살랑살랑 흔들며 미소 짓는다.

포드, 차를 출발시킨다. 오래지 않아 타부의 문은 잠길 것이다. 1시간 정도만 있으면 어두워질 것이다.

차가 한 대 다가온다. 휴가를 온 젊은 미국인 부부 차다. 남자가 손을 들어 포드에게 인사한다.

포드, 차를 세우고 엔진을 끈다.

포드 어서 나와. 늦겠어.

트리시아 (차에 올라타서 데이지를 길가에 버린다. 그리고 생각한다) 포드는 나를 여기다 버려두고 가려고 했어. 포드가 나를 얼마나 없애고 싶어 하는지를 보여준 거야. (몸을 부르르 떤다. 주먹을 꽉 쥔다) 포드는 혼자 차를 몰고 떠나 버리려 했다. 그리고 나를 어둠과 사자와 밤에만 나오는 표범 속에 홀로 남겨두려 했다. 만일 그 미국인들의 차가 오지 않았다면 포드는 그냥 떠나 버렸을 것이다. (포드가 하려 했던 행동에 대해 곱씹는다) 문을 닫기 직전에 차를 몰고 캠프에 들어가서 밀려오는 어둠을 바라본다. 버려둔 곳에 내가 홀로 있을 것을 알면서 아무한테도 내가 없다는 이야기를 하지 않는다. 도대체 누가 내가 없어졌다는 것에 관심을 가질 것인가. 에릭이? 포드는 저녁에 식당에 가지 않을 것이다. 그리고 아침에 문을 열 때 차를 타고 다시 나올 것이다. 이미 1주일 치를 선불로 냈기 때문에 츠쿤얀에 퇴거 신고를 할 필요도 없다. (사이) 완벽한 살인이다. 누가 나를 위해 수색하러 나서겠는가. 거기 없다고 해서 수색할 필요를 느낄까? 만일 내 뼈가 발견된다면? 뼈 한 무더기. 자칼과 독수리가 깨끗하게 처리해 놓은 뼈라면 사람의 뼈나 영양의 뼈나 다 비슷해 보일 것이다. 포드는 고향에 돌아가서 마그리트와 합치기 위해 나와 헤어졌다고 말하겠지.

그날 저녁, 포드는 트리시아에게 평소와 다르게 상냥하게 대한다. 소팅게에서 그의 마음속에서 일어난 일을 트리시아가 눈치 채는 것을 겁내듯이.

포드 하룻밤은 샴페인을 마시며 보내자고 말했지? 지금이 어때? 오늘밤이 좋을 것 같은데.

트리시아 당신이 좋으시다면……

포드 (샴페인 잔을 부딪히며) 우리를 위하여.

포드는 메뉴판에 있는 것을 다 주문한다. 수프, 생선, 위니 슈니첼, 크림 브룰리.

트리시아 (포드가 어떻게 자기를 죽이려 했던가를 생각하면서 음식을 포크로 콕콕 찍는다. 속으로 생각한다) 나는 지금도 안전하지가 못해. 한 번 실패했으니까 다시 시도하려고 할 거야. 아마 다른 방법으로 시도하겠지. 이미 시도하고 있는지도 몰라. 키니네 병에 아스피린을 넣어 놓는다든가…… 포드를 떠나지 않고는 안전할 수가 없어. (사이) 내가 포드를 떠나는 것은 바로 포드가 바라는 바인데, 내가 죽는 것 다음으로 좋아할 일인데……

뜬눈으로 밤을 지새우는 트리시아.
포드도 잠을 자지 않고 있다.

트리시아 (혼자 속으로) 만일 내가 지금 그곳에 버려져 있고, 아직 죽지 않았다면? 나는 그곳 캄캄한 수풀 속에서 공포에 젖어 헤매고 있을 것이다. 한 발자국 내딛기도 무섭고, 그렇다고 가만히 있기도 무서운 그곳에서. 무슨 소리가 들려올 때마다 공포에 떨고, 어느 것이 가장 위험한 소리인지도 모르는 채. (사이) 그래도 표범은 볼 수 있을 것이다. 아마 별빛의 도움을 받거나 아니면 눈보다 더 정확한 본능의 눈의 도움을 받겠지. 나뭇가지에 앉아 있다가 나의 드러난 목을 향하여 소리도 없이 뛰어내리겠지…… (몸을 부르르 떤다)

포드 (새벽에 캠프 주변으로 산책을 나가서 혼잣말로) 내가 트리시아를 사자밥으로 내던져 없애려 했던 건가? 잠시 미쳤던 거지. 피 속에 열이 올랐거나 아니면 핏줄에 독이 흘렀기 때문일 것이다. 트리시아도 내 의도를 알고 있었어. 분명했어. 어떻게 보면 그녀가 안다는 게 모두에게 잘된 일인지도 몰라. 트리시아가 그렇게 애써 지키려 드는 우리의 결혼 생활이라는 것이 얼마나 절망적인가를 보여 주는 거니까. (모기에 물린 다리를 약간 절며 열병나무에 기댄다. 신발을 벗고 물린 데를 긁는다. 방으로 돌아간다)

트리시아 (침대에 앉아 손톱에 매니큐어를 칠하고 있다) 아이, 심심해.

포드 (속으로) 어떻게 자연동물원에 와서 매니큐어를 칠하는 여자와 함께 살 수 있단 말인가.

아침 9시. 밖으로 나와 차를 몰아 와카수수로 가는 길에 마주 오는 에릭의 차와 마주친다.

에릭 그쪽으로는 몇 킬로미터 동안 볼 것이 아무것도 없어요. 계속 가면 시간만 낭비하게 될 겁니다.

포드 알았습니다. 고맙소.

에릭 역시 소팅게가 제일이죠. 어제 표범을 봤습니까?

포드 아니오.

에릭 아, 그래요? 하긴 우리 모두가 운이 좋을 수는 없는 일이니까.

사자들이 시체를 뜯고 있는 것이 보인다.

포드와 트리시아는 차에 앉아 사자들이 먹이를 먹는 모습을 지켜본다.

한참 뒤 사자들은 남은 먹이를 그대로 두고 풀밭 속으로 사라진다.

나무 뒤에서 기다리고 있던 자그마한 자칼 한 무리가 나와 시체를 뜯는다.

이어서 독수리가 뼈를 쪼아 먹는다.

트리시아는 한 번도 차에서 내리지 않는다. 소녀처럼 말하거나 깔깔거리거나 짓궂은 키스를 한다거나 하지 않는다.

포드 (혼자 속으로) 내가 트리시아를 죽이려 한다고 생각하는 것 같다. 정말 터무니없는 생각이다. 사실 트리시아에게 한 번 겁을 주려고 했을 뿐이다. 규칙을 어기고 차 밖으로 나간다는 게 얼마나 어리석은 행동인가를 가르쳐 주려고 했을 뿐이다. 내가 왜 트리시아를 죽인단 말인가. 트리시아를 떠나면 될 뿐, 사실 트리시아를 떠나려 하고 있지 않은가. 몸바사에 돌아가면 트리시아에게 그 이야기를 할 작정이다. (트리시아 쪽을 돌아보며 미소를 보낸다)

트리시아 지금 누구를 생각하고 어울리지 않는 미소를 짓는 거예요?

포드 왜 차 밖으로 안 나가 보지?

트리시아 볼 게 없잖아요.

포드 없어?

트리시아 없어요.

포드 (고슴도치 한 마리를 발견하고 트리시아에게 망원경을 건네준다) 고슴도치야.

트리시아 (고슴도치를 발견하고 기분 좋은 웃음을 터뜨린다. 그것은 트리시아가 젊었을 때 웃었던 모습이었다. 남을 즐겁게 하려는 웃음이 아니라 자기가 즐거워서 웃는 웃음) 참 예쁜 고슴도치네. (뒷좌석으로 손을 뻗어 카메라를 잡으려 한다. 그러다 순간 멈칫 한다)

포드 (트리시아의 눈에서 두려움과 조심하는 빛이 떠오르는 것을 본다. 말없이 자동차 열쇠를 빼서 손바닥 위에 놓고 트리시아를 향해 내민다) 자.

트리시아 (얼굴을 붉힌다) 날 시험해 보려는 거예요?

포드 시험은 무슨. (트리시아를 노려본다. 한편으로 그녀가 허를 찔려 당황하는 표정을 즐기는 것이었고 한편으로는 그녀가 그를 그렇게 비열한 행동을 할 사람으로 의심했다는 데 대해 분노하는 것이었다)

트리시아 (머뭇거리다 열쇠를 받는다. 왼손으로 열쇠고리를 잡고 오른손으로는 카메라를 들고 차 문을 연다) 멋지게 찍을 찬스를 잡아 봐? 못할 것도 없지.

포드 (부어오른 발이 욱신거려 긁는다) 앞으로 며칠 남았지? 아, 지루하다. 하루가 열흘 같다. 마그리트는 너무 멀리 있다.

트리시아 (열쇠를 잡고 카메라를 놓친다. 고슴도치를 더 잘 찍기 위해 꾸불꾸불한 나무뿌리를 넘어가려고 했기 때문이다. 비명을 지른다) 앗!

트리시아의 비명과 카메라 부서지는 소리에 놀란 고슴도치가 털을 뾰족하게 세우는 게 보인다.

포드, 차에서 뛰어내린다. 풀숲을 헤치고 트리시아 쪽으로 급히 걸어간다.

트리시아는 포드에 대한 두려움 때문에 화석처럼 굳어 있다.

박살이 난 카메라 조각은 돌처럼 단단한 뿌리들 사이에 섞여 있다.

포드 (무릎을 꿇고 카메라 조각들을 주으며 트리시아에게 소리 지르고 욕설을 퍼붓는다) 내 보물 1호인 펜탁스 카메라를 네가 어떻게 이 지경을 만들어? 내가 천 번도 더 주의를 주었는데, 목에 걸라고 했어? 안 했어? 목은 두었다 무엇에 쓰려고 그리 아껴? 이 속수무책 인간아. 아, 내 카메라, 내 보물, 돈 한 푼 벌어본 적 없는 위인이 어떡헐 거야? 이게 얼마짜린지 알기나 해? 이 무엇 같은 인간아. 넌 백보 양보해도 같이 살 수 없는 존재야.

트리시아, 달리기 시작한다. 차 안으로 뛰어들어 차 키를 꽂는다.

차는 타부 쪽을 향해 서 있다.

차 안의 시계는 5시 35분을 가리키고 있다.

포드 (쩔룩거리며 달려온다. 트리시아를 향해 손을 흔든다. 손에는 부서진 카메라 조각들이 가득 쥐어져 있다) 트리시아, 트리시아, 거기 서! 내 말 안 들려?

트리시아 (고개를 돌리고는 발로 액셀러레이터를 힘껏 밟는다) 운전면허 그까짓 게 뭐라구. 야, 잘만 굴러간다. 가자! 앞으로! 전진!

길을 따라 1500미터쯤 내려갔을 때 미국인 부부와 마주친다.

미국인 남자 (차창 밖으로 머리를 내밀며) 그쪽 아래로 내려가면 뭐 좀 볼 것이 있습니까?

트리시아 아무것도 없어요. 시간 낭비일 뿐이에요.

미국인, 차를 돌려 트리시아 뒤를 따라온다.

타부에 도착한다.

시계는 6시 2분 전을 가리키고 있다.

트리시아의 차와 미국인의 차가 제일 늦게 들어온 차였다.

두 차가 문을 통과하자 그들 뒤로 문이 닫힌다.

– 막

* 이 작품은 영국 작가 루스 렌들의 단편 〈열병나무(The Fever Tree)〉를 각색한 것임.

제 머리 마빡

〈소공동체 연극용〉

등장인물

희경
기찬
달건
한욱
순정

때

현대

곳

어느 농촌 마을

무대

한여름 한낮, 볕이 너무 뜨거워 그늘에서 낮잠 한숨 자야 하는 시간.
마을 아래뜸 200년 수령의 멋진 노거수 '사랑나무' 아래.
중앙에 평상이 있고 나무 둘레에 의자 높이의 데크, 돌의자, 대나무 의자가 몇 개 놓여 있다.
쭉쭉 뻗은 가지의 무성한 잎이 풍성한 그늘을 드리우고 있다.
특이한 것은 '사랑나무' 비석.
'사랑나무'에 얽힌 전설을 소개하는 스토리가 명필로 조각된 화강암 표지석이 '사랑나무' 우람한 밑둥치의 정중앙에 자리잡고 있다.
'사랑나무'에 대한 마을사람들의 긍지와 사랑이 얼마나 지극한지를 보여준다.

징과 꽹과리, 장구, 북 소리가 낭자하게 흐르는 가운데 막이 오르면, 달건과 한욱이 평상에 앉아 졸고 있다.

달건 (한욱에게) 그리 졸리면 누워 한잠 자라구.

한욱 고추밭 풀 뽑으러 가야 하는데 엄두가 안 나서. (가까이 오는 기찬을 보고) 이장이 웬일인가? 백합꽃 출하한다더니.

기찬 (작은 비닐봉지를 들고 있다) 네. 오전에 다 마쳤어요. 집보다 '사랑나무' 그늘이 시원하지요?

달건 애들이 에어컨을 달아 줬는데두 전기세 아끼던 버릇이 있어서 틀 줄을 몰라요. 손자들이나 와야 틀지.

기찬 우리 부모님도 그러세요. 선풍기도 없던 시절엔 부채로 한여름을 났다고.

한욱 자연풍이 최고지. 마음까지 시원하게 해 주니.

기찬 (의자에 앉으며) 동네에 다들 무고하시지요?

달건 근조가 귀룡(貴龍) 씨 성(姓)을 창시했다고 군민신문에 났던데.

한욱 성씨를 만들어? 본래 성 벽가는 어쩌구?

달건 새 시대 양반이 되겠다는 거지. 산지기로 하대(下待)받고 산 제 조상이 어지간히 가로거쳤던 모양이야.

한욱 부모가 엄연히 살아 있는데 일가창립(一家創立)을 왜 했대? 지가 그렇게 잘났어?

달건 근조는 뭐니뭐니해도 우리 동네 난 인물이여. 마을회관도 지어 줬고, 다리도 놓아주고, 애들 장학금도 주고 있으니.

한욱 말은 바로 하세. 그게 다 우리 마을에서 고려 적부터 거기 무덤을 써서는 안 된다는 당대발복(當代發福) 자리에 제 애비가 몰래 묘를 써서 제 집안은 잘 되고 마을에는 여러 불상사가 생기게 한 게 들통이 나자 입막음으로 한 거지, 그게 아니었으면 어림도 없어.

기찬 그 댁이 찢어지게 가난했다는 게 정말인가요?

한욱　그렇다니까.

달건　아들 하나 잘 둔 덕이지. 그 어미애비에 어디서 그런 인물이 났는지.

한욱　마을에서 거기에 뫼를 쓰면 교통사고로 죽는 사람, 물에 빠져 죽는 사람, 가정 파탄자가 생기니 절대 뫼를 써서는 안 된다는 불문율(不文律)을 어긴 죄를 물어 그 애비를 멍석말이 하자 집집마다 찾아다니며 무릎을 꿇고 한 번만 용서해 주면 마을을 위해 뭐든 다 하겠다고 해 간신히 용서를 받았으니 그 정도 가지고는 어림도 없지.

달건　우리 마을에서 근조만큼 성공한 사람이 없는 건 사실 아닌감?

한욱　그게 다 당대발복 자리 덕이라니까.

달건　약속을 지키고 동네 사람들 일자리 창출을 위해 공장을 세운 건 여간 배포 가지고 할 수 있는 일이 아니지. 대인(大人)은 대인이여.

한욱　마을 산중턱에 공장을 지은 건 아무리 지가 산 임자라 해도 무리수를 둔 거라고 봐 나는. 우리가 말리는 걸 귓가에도 듣지 않았지. 일자리 창출은 눈속임이고 다른 속셈이 있었던 게 분명해.

기찬　공장 돌리려고 연못을 만들어 홍수에 연못이 넘쳐 마을을 덮치게 한 건 엄청난 해악을 끼친 거죠.

한욱　극성스럽기두 하지. 어떻게 산중턱에 연못을 파냐. 그건 마을로 내려오는 수맥(水脈)을 차단해 독점하겠다는 거야. 마을 사람들이 고루 나눠 먹을 물을 저만 쓰겠다는 발상. 가진 자의 횡포도 이쯤 되면 구제 불능이지.

기찬　뭐니뭐니 해두 제일 피해를 크게 입은 건 정 선생님이지요.

달건　오래 비어 있던 폐가를 수리해서 이사 왔을 때부터 왠지 불안 불안하더라니.

한욱　혼자 사는 여자가 용감하다구 이러쿵저러쿵 말이 많았지.

달건　도대체 여자 혼자 아무 연고도 없는 동네로 흘러들어온 이유가 납득이 안 간단 말이야.

기찬　누가 어디에서 살든 그건 개인의 자유죠.

달건 자넨 은근히 그 여자 편을 들더라. 식자깨나 들었다고 통하는 데가 있는가?

기찬 집과 밭을 깡그리 잃었으니 살 길이 막막해 보이는 게 참 안됐습니다.

달건 그 여자는 이 동네에 무슨 미련이 남아 그 꼴 보기 싫은 텐트에서 웅크리고 있는지 알 수가 없다구.

기찬 이리 오시라고 했으니 일단 이야기를 들어 봅시다. 무슨 사정이 있겠지요.

사이

희경 등장. 한쪽 다리를 약간 절고 있다. 작은 헝겊 가방을 들고 있다.

기찬 어서 오세요, 정 선생님.

희경 이장님이 날 부른대서 오긴 왔는데.

기찬 이리 앉으세요. (의자를 권한다)

희경 (앉으며) 듣자 하니 벽근조가 이 마을에 꽤 공을 들였더군요. 뭐가 필요하다고 하면 제꺽제꺽 해 주어 화수분으로 알고 있다구요. 그러니까 타지에서 온 나 같은 건 어찌 돼도 좋다는 거지요?

기찬 무슨 말을 그렇게 하십니까? 오늘 뵙자고 한 것도 정 선생님 문제를 어떻게 해결할까 상의를 하자는 뜻인데요.

희경 마을회관 짓는 거나 다리 놓는 것, 가로등 다는 것, 노인정 짓는 게 시간을 다투는 일이라 말만 하면 벽근조가 들어줬다는 건가요?

기찬 정 선생님, 텐트에서 지내기 얼마나 불편하실지 잘 압니다.

희경 다들 속으로는 나 보고 당장 이 동네서 떠나 달라고 하고 싶지요?

달건 어디로 보아도 여기 살 사람이 아니라고들 합디다. 홀앗이 옮기기는 식솔 많은 집 이사보다 수월한 것 아니겠소?

희경 내가 곡천(谷泉)에 와서 5년 동안 밤낮없이 가꾼 '영원의 정원'이 흔적도 없이 사라진 데 대해 안타까운 마음을 가진 분이 한 분이라도 있어요?

한욱 잠도 안 자고 나무를 심고 꽃을 가꾼다는 말이 자자하긴 했지요.

희경 보기만 해도 '영혼이 깨끗해지는 정원'을 만들어 여러분에게 보여주고 싶었다구요.

달건 우리사 어려서부터 눈만 뜨면 보아온 게 산이고 나무고 꽃인데 그런 것들이 뭐 그리 그립겠소.

희경 그냥 거기 있어 좋은 것이지만 의미를 더하면 훨씬 빛이 나는 게 자연입니다.

달건 (경멸조로) 없어진 집보다 나무랑 꽃이 없어진 게 더 애통하단 말이오?

희경 내 정원이 멸실(滅失)된 건 내 꿈을 짓밟아 뭉갠 거와 같아요. 벽근조가 하필 산중에 공장을 세워 물을 쓰려고 판 연못이 갑자기 쏟아진 폭우에 넘쳐 산사태가 내 집을 덮친 거잖아요. 무경위한 한 인간 때문에 속절없이 무너진 내 집, 내 꿈을 어디서 되찾을 수 있단 말입니까? (비감에 젖는다)

모두 말문이 막힌다. 사이

달건 근조는 큰 회사 사장인데 천하 몹쓸 놈 취급하누만. 당치도 않게스리.

한욱 근조라는 바위를 주먹으로 치는 격인데 백 번 천 번 쳐도 소용없을 바위치기를 그만둘 기세가 아니니 난감하네.

달건 서울에서 뭘 해먹고 살았는지, 왜 가족이 없이 혼자 이런 시골구석으로 굴러들어와 마을 사람들의 걱정거리가 되고 있는지 대답해 줄 수 있소?

희경 (의외라는 듯) 마을 사람들이 내 걱정을 한다구요?

달건 그 집은 폐가(廢家)가 된 지 오래라 가만 두면 저절로 무너져 버릴 거였소. 그 외딴 폐가에 외지 사람이 와서 살리라곤 아무도 생각지 않았지.

희경 내 집이 산사태에 휩쓸려 떠내려 간 게 내 탓이라는 겁니까? 누가 근조네 회사에 다녀요?

달건 우리 아들이 근조 사장이 하는 그 큰 회사 경비실 주임이니 사회적 촌수로 따지면 가깝구 말구.

희경 아, 그래서 큰 인재(人災)를 없던 일로 뭉개는 데 앞장서고 있다 그거네요.

달건 난 거기 텐트만 보면 걷어차 버리고 싶어 근질거려. 경치 좋기로 소문 난 우리 곡천 마을에 거지같은 텐트가 버티고 있어 미관상 아주 안 좋단 말이오.

희경 자객 냄새가 나네요. 나를 못 살게 하겠다는.

달건 마을 유지인 나를 자객이라니……

희경 나는 그 집과 땅 5백 평을 샀어요. 내 영지(領地)가 여기 있는데 어딜 갑니까? 이래뵈두 내가 영주(領主)라구요.

달건 영주? 영주가 뭐랴?

희경 영주도 몰라요?

달건 집이 흔적도 없이 떠내려가 집터도 남아 있지 않은데 지번(地番)이 남아 있을까? 건공(乾空)에 뜬 걸 무슨 수로 잡아?

희경 내가 서울에 볼 일이 있어 갔다가 저 석멱이 고개를 넘어오는데 내 집이 안 보였어요, 아무리 보아도. 퍽 주저앉았지요. 그래 내가 생으로 다리를 절게 된 건데, 한 동네 사는 사람으로서 손톱만큼도 안 됐다는 생각이 안 든단 말이에요?

달건 그 집에 있다가 떠내려갔으면 지금 이 자리에서 나한테 그런 걸 따질 일도 없을 걸. 서울에 무슨 볼 일이 있었는지는 모르지만, 명이 긴 것 같소.

희경 남이사 집이 없어지건 떠내려가 죽건 상관없다는 논리라면 하느님께서 당신 같은 사람을 이 세상에 태어나 행복하게 살라고 만들어 내신 의미가 없잖아요.

달건 내 부모님이 날 낳으셨지 웬 하느님은 끌어다 붙이나. 당신 예수쟁이야?

희경 천주교 신자예요.

달건 당신의 그 잘난 하느님이 보우하지 않으신 모양이네. 불경해서 그런 거 아닌가?

희경 우연한 재앙 앞에 무기력한 것만도 속이 말이 아닌 사람을 도와주지 않아도 좋으니 염장이나 지르지 마세요.

달건 난 여자가 잘난 척하는 걸 못 보는 사람이라 그래. 양반이거든.

희경 없어진 지 오랜 양반이라구요? 가짜겠지. 성을 새로 만든 누구처럼.

달건 난 진짜 양반이라구. 어디서 굴러먹던 여자가 날쳐, 날치기를.

희경 (기찬에게 항의조로) 이장님, 나를 면박이나 당하라고 오라고 한 겁니까?

기찬 아닙니다. 정 선생님의 '영원의 정원'을 보고 마음이 따뜻해졌다는 분들이 있어서 우리도 그 정원을 다시 못 보게 된 것을 몹시 아쉬워하고 있습니다.

희경 내 정원의 의미를 알아주는 사람이 한 사람이라도 있다면 나는 그 분에게 감사의 절을 올리겠습니다.

기찬 갈매댁 며느리 순정 씨가 우울증으로 살림 손을 놓고 있었는데 선생님 정원의 꽃을 보면서 웃음을 되찾고 집안일도 하게 되었다고 얼마나 고마워하는지 모릅니다.

순정, 수줍어하며 등장. 뜨개질 바구니를 들고 있다.

기찬 순정 씨가 웬일이세요?

순정 정 선생님한테 할 말이 있어서요.

희경 나한테요? 순정 씨가 무슨?

순정 선생님같이 훌륭하신 분이 텐트에서 사시는 게 너무 안타까워서요.

기찬 그러잖아도 그 문제를 상의해 보려던 참입니다.

순정 우리 집 건넌방으로 오시는 게 어떨까 하고 우리 어머님이 말씀하셨어요.

기찬 인정 많으신 갈매댁 아주머니가 역시 다르시군요.

희경 (순정의 손을 잡으며) 말씀만으로도 감사합니다. 갈매댁, 택호(宅號)가 일품이네요. 갈매는 '짙은 초록빛'을 뜻하니까요. 짙은 초록빛 마을에서 자라 짙은 초록빛 마을에 시집 와 사셨으니 그 영혼도 초록빛일 것 같아요.

달건 갈매는 그냥 보은(報恩)에 있는 동네 이름인데 거기에 무슨 사설이 붙어? 영혼은 뭔 영혼?

희경 검정색이나 회색인 사람도 있어요. 남이 잘 되는 꼴을 못 보는 사람, 여자라면 무조건 저보다 못하다고 무시, 멸시하는 남자는 아무리 찬란한 태양 아래 살아도 우중충하고 회색 구름만 낀 하늘 같지요.

달건 내가 보기엔 댁이 구름 낀 하늘인데.

순정 (하늘을 가리키며) 제 눈에 정 선생님은 저 늘 푸른 하늘 같아요. (한 옆 의자에 앉아 뜨개질을 시작한다)

희경 (헝겊 가방에서 〈해바라기 찬가〉를 꺼내 읽는다) '수직으로 자라는 해바라기도 친족(親族) 옆에서는 굽어 핀다. 서로 관련 없는 식물을 심으면 뿌리를 뻗어 영양분 경쟁에 나선다. 친족과 함께 자라면 공간을 양보하고 꽃을 더 많이 피운다. 공격 등 위험 상황도 잘 인지한다. 별도의 비료나 농약을 추가하지 않아도 생산성을 높일 수 있다. 친족 재배지에서는 해바라기유 생산량이 47%나 증가한다.'

달건 해바라기가 뭐 어쨌다는 거요?

희경 내 해바라기 밭이 떠내려 간 건 내 밥줄을 끊은 거나 마찬가지예요.

한욱 거기서 수익을 기대했단 말입니까?

희경 그럼요.

달건 우리는 그것도 꽃 가꾸기의 한 방편인 줄 알았지.

희경 해바라기는 단순한 꽃이 아니고 사람의 도리를 가르쳐 주는 꽃이기에 더 귀한 겁니다. 한낱 식물도 친족을 위한 배려를 하는데 만물의 영장(靈長)인 사람 중에 매몰찬 인사가 널렸잖아요. 친족을 위해 비키긴커녕 친족을 쓰러뜨리기 위해 있는 힘을 다하는 비인간적인 인사가.

달건 해바라기가 생각을 한다니, 에이, 식물이 무슨 생각을 한다구 궤변을 떠시나.

희경 개미와 벌도 제 친구가 위험에 처하거나 다치면 집으로 데려가 상처를 낫게 해준답니다.

달건 (조소를 날린다) 댁은 우리가 댁의 친족이라고 생각한다는 거요?

희경 못 할 것도 없지요.

달건 댁은 우리의 4촌, 6촌, 8촌이 아니오. 어느 촌도 아니라구.

희경 이웃사촌이죠.

달건 우리는 친족이 아니니 댁을 위해 희생할 의무가 없소.

기찬 누가 희생을 한다고 그런 말을 하세요?

달건 우리에게 뭔가를 바라는 냄새가 풀풀 풍기는 것 같은데 다들 코가 막혀 못 맡나?

순정 원촌(遠村)댁 아저씨 인정 없는 거야 우리 동네서 유명하지요.

달건 (발끈한다) 나 보고 인정이 없다고?

순정 방이 다섯 개나 되는 큰 집에 빈 방이 몇 개나 되면서 정 선생님한테 빌려줘야겠다 생각해 보셨나요?

달건 빈 방 있는 집이 우리뿐인가? 두 내외 사는 집이 태반인데 왜 이래?

순정 꿈에두 생각 안 했지요?

달건 난 아무 관심이 없어. 나 그렇게 한가한 사람 아니야.

순정 선생님이 가꿔 우리한테 보여준 그 정원을 그리워하는 사람이 한 두 사람이 아니랬는데 없어진 걸 알면 섭섭해 할 사람이 많아요. 엊그제 TV 보니까 정원을 크게 잘 가꿔 놓으면 관광객들이 엄청 많이 와서 힐링을 하고 간다던데……

달건 학인이 각시가 언제 이리 유식해졌나? 신문도 안 보면서.

순정 마음이 깨끗하니 가라앉아 편해지는 거잖아요. 나두 인터넷 신문 봐요. 정 선생님이 가르쳐 줘서요.

기찬 선한 이웃의 호의가 사람을 활기차게 살리네요. 축하해요.

달건 병을 고친 건 병원 치료 받은 덕 아닌가?

순정 선생님이 다시 정원을 가꾸기 시작하면 가서 심부름이라두 하려구 벼르구 있는데 언제 그날이 온대요?

희경 순정 씨가 나의 정원에 처음 왔던 날 와 와 소리 지르며 펄쩍펄쩍 뛰며 좋아했지요. 그 환희를 계속 누리게 일을 빨리 시작해야 되는데 연장 한 개 꽂을 데가 없으니 엄두가 안 나네요.

순정 그렇게 좋은 꽃밭은 처음 봤으니까요. 살 것 같았어요. 살고 싶어졌어요.

희경 사는 기쁨을 줬던 그 꽃들이 내겐 벗이었어요. 눈만 뜨면 서로 반가워라 웃음 지으며 만나는 벗. 지금도 눈에 선해요. 어디쯤엔 어느 친구가 있었다는 기억이.

달건 유실된 땅에 미련을 두는 건 죽은 아이 콧등 만지기지.

희경 남의 기분을 상하게 하는 데 소질이 있는 것 같네요.

달건 미련 두지 말란 말이오.

순정 정 선생님 정원이 없어진 걸 좋아하는 사람이 있다는 소문이 있어요.

희경 설마, 순정 씨. 아닐 거예요.

순정 사람 맘은 모르는 거니까요. 심술이 가득한 사람은 남 안 좋은 일 생기는 걸 좋아한다잖아요.

한욱 산 좋고 물 좋은 우리 동네에 설마 그런 사람이 있을라구.

달건 암. 갈매댁 며느리가 우울증을 앓고 나더니 별소리를 다하는군.

순정 저 우울증 다 나은 거 모르는 사람 없을걸요. 정 선생님 정원 덕으로요.

달건 나을 때 되니까 나은 걸 호들갑은.

순정 유튜브에서 정원 가꾸기 강좌도 듣고 있어요. 정 선생님 조수 되려면 실력이 있어야지요.

기찬 정 선생님, 든든하시겠어요.

희경 순정 씨가 나를 도와주겠다고 벼르고 있는 모습이 너무 보기 좋으네요. 나도 마을을 위해 뭐라도 해야 하는데.

기찬 오늘은 1년 전 우리의 최돌이가 홍수에 물이 불은 가오내에서 물에 빠진 아이를 구하고 저는 떠내려가 죽은 날이오. 장가도 못 들고 혼자 살다 죽어 제사도 못 얻어먹는 외로운 최돌이 영혼이 지금 여기 사랑나무 아래 와서 우리를 지켜보고 있는 것 같지 않습니까?

한욱 최돌이를 이 자리에 부른 건가?

기찬 격식을 갖춰 하기로 말하면 '최돌이 제 머리 마빡 연구 포럼'쯤 되겠지만 오늘은 최돌이를 추억하는 시간을 가져보는 것으로 대신하겠습니다. 최돌이 생전에 제일 잘하는 것이 제 머리 마빡 치는 것이었고, 그 모습을 본 우리들은 맘껏 웃음을 웃어제끼곤 했지요. 마을 사람들을 기쁘게 해준 사람, 시름을 달래게 해준 사람, 때로 뜻밖의 지혜로운 말을 하여 촌철(寸鐵)의 해결책을 번뜩이는, 어리숙하면서도 현명한 사람이었던, 아, 최돌이가 그립습니다. 우리 곁에 있어 제 머리 마빡을 쳐 주면 얼마나 좋겠습니까. 그 사심 없이 해맑던 웃음을 다시 볼 수 없다는 것이 슬픕니다.

한욱 미처 그 생각을 못했네. 미안하이.

기찬 그래서 생전에 최돌이가 우리를 즐겨 웃게 했던 이 '사랑나무' 아래 그를 생각하는 시간을 가지고자 술 한 잔 준비했습니다. (사랑나무 앞 돌의자에 최돌이 인형을 세워 놓는다. 북어포를 놓고 종이컵에 막걸리를 따른다.

무릎을 꿇고) 쇠돌이, 우리는 그대를 잊을 수가 없네. 하늘나라에서 안녕하신가.

순정 (재빨리 뒤쪽으로 뛰어가 꽃을 한 다발 꺾어 가지고 와 쇠돌이 인형 앞에 놓는다) 아재는 가끔 나한테 꽃다발을 안겨 주며 건강하라고 해줬는데, 고마운 줄을 몰랐어요. 아재, 고마웠어요. (절을 한다)

희경 (목례하며) 영혼의 안식을 누리소서.

사이

기찬 쇠돌이가 갔다고 해서 우리 동네 전통놀이로 이어 온 제 머리 마빡을 잊어버려서는 안 된다고 생각합니다. 쇠돌이의 재능을 우리가 살려내야 합니다. (잠시 사이) 쇠돌이가 하던 말 중 가장 우리 뇌리에 꽉 박힌 게 뭔 줄 아세요?

한욱 글쎄, 히 웃던 모습만 생각나는데.

기찬 '그렇게 살면 뭐 할겨?'입니다. 이 말에 비추어 볼 때 오늘날 그렇게 살아서는 안 되는 삶을 사는 사람이 얼마나 많습니까?

한욱 TV에 나와 떠드는 사람들 중에 눈꼴시어 못 볼 사람도 참 많지.

기찬 그러고 보면 쇠돌이가 초등학교만 나오고 모자란 사람 취급을 받았지만 누구보다 사람 근본을 꿰뚫어보는 밝은 지혜의 눈을 가진 사람이었어요.

희경 (장난스레) 그렇게 살아서는 안 되는 꼴로 국민들의 심기(心氣)를 불편하게 하는 인물들을 내가 호명해 볼까요?

한욱 (적극 말린다) 허구한 날 TV에 나와 설치는 거 보는 것도 지겨운데 뭐하러요.

희경 그 사람들이 높은 자리에 있는 공인(公人)으로서의 격을 잃고 사는 데서 오는 내로남불 행위가 세상을 추하게 오염, 추락시키고 있는 거 다 아시죠?

기찬　죄 짓고 아니라고 딱 잡아떼지요. 안면 하나 바꾸지 않고. 그게 전 사회적으로 모방범죄처럼 확산되는 게 공포스럽습니다.

희경　좋은 머리로 온갖 법망을 피할 궁리를 기가 막히게 잘해 세상을 들었다놨다 하는 꼴!

기찬　쳐라 쳐! (최돌이 인형을 들고 겅정겅정 뛰며) 제 머리 마빡 친다 쳐!

희경　우리는 지금 전 국민적 우울, 시름에 빠져 있습니다. 자고 나면 한 식구끼리도 둘로 나뉘어 싸우는 형국 아닙니까?

기찬　내 편 아니면 모두 적을 만들어 싸우는 데 에너지를 다 소비하고 정작 필요한 법을 만드는 데 소홀해 쩍하면 희한한 범죄가 발생해도 그걸 처벌할 법이 없다고 합니다.

희경　제 머리 마빡 쳐라 쳐!

기찬　참 이상한 사람들이에요. 1년에 수억씩 세금을 축내면서.

희경　계속 해먹을 궁리에만 눈이 벌겋답니다.

기찬　이상하게 사람을 홀리는 마력(魔力)이 있어서 무슨 말도 안 되는 말을 해도 열광하는 무리들이 작당해서 나라를 위태롭게 하고 있어요.

희경　없는 특권을 만들어 내는 막무가내 정복자들을 못 보는 무리들이 왜 그리 많죠?

기찬　문제는 그런 불의(不義)와 변칙이 공공연하게 행해지고 그것이 용납된다는 겁니다. 그 주동자들은 출세를 하고 세상을 좌지우지하며 쾌재를 부르지만 죄 없는 국민들은 왜곡(歪曲)된 세상에 사는 피해를 입게 된다는 거죠.

희경　악에는 선밖에 약이 없어요.

기찬　악의 힘에 피해를 입고 살면서도 그런 말을 하십니까?

희경　멀리 보아야 해요. 아름다움으로 악을 이겨야 해요.

기찬　저는 세상의 악이 잡초와 같이 생명력이 강한 게 문제라고 봐요. 뽑아도 뽑아도 이내 또 돋아나 기세를 떨치는 거악(巨惡)을 이기는

데 아름다움이 도움이 되리라곤……

희경 아름다움의 뿌리는 선(善)입니다.

기찬 안타깝게도 선을 가지고 이기기엔 악의 뿌리가 너무 질긴 세상입니다.

희경 난 TV를 보면서 줄을 잘 서서 출세하려고 온갖 아부를 다 떠는 사람들이 과연 속속들이 '대장'과 같은 생각을 할까 의문이 들어요. 아닐 수도 있는데, 이게 아닌데 하면서 같이 악의 나락에 빠지는 게 아닐까.

기찬 그런 사람들을 '제 머리 마빡'에 초대해야 하는데.

희경 그러니까 판을 키울 필요가 있어요. 곡천 마을만의 놀이가 아니라 전국 단위의 문화로.

기찬 저희가 등신대(等身大)로 최돌이 인형을 만들려고 하는데 얼굴 모양이 영 잘 안 돼 고심하고 있습니다.

희경 여럿이 의견을 모아 만들면 돼요. 나도 최돌이 매력에 빠져들었어요. 오늘날 똑똑한 사람들은 넘쳐나지만 남에게 덕(德)을 베푸는 사람들은 많지 않아요. '그렇게 살아 뭐 할겨?' 그 말을 모든 사람들에게 알리면 좋겠어요. 보통 사람으로 자기 분수에 맞게 착하게 사는 사람들은 말고, 제 분수를 잊고 탐욕으로 높은 자리를 탐하고 재물을 쌓기 위해 남의 눈을 속이는 사람들, 거짓말을 입에 달고 사는 정치인들, 남을 해치는 일을 권리로 착각하는 범죄인들에게 그렇게 살면 결국 죄의 노예가 되어 잘살았다는 착각을 아무리 고집해도 잘못 사는 것이 되고 망하는 길을 간다는 것을 깨닫게요.

기찬 정 선생님 의견대로 최돌이의 '제 머리 마빡'을 극대화한다면…… 이런 때 최돌이가 살아 있다면 얼마나 좋을까요. 기발한 아이디어가 우리를 새 삶으로 이끌 수 있는 큰 인물로 우뚝 설 텐데.

달건 그까짓 최돌이가 뭐라구. 우리 마을 큰 인물 1호는 귀룡근조 아닌가? 큰 회사를 몇 개나 가지고 있고 머잖아 정계에 진출할 인물인데……

기찬 천재지변이 산사태를 낸 것이니 보상할 의무가 없다고 SNS에 올렸던데요.

순정 저도 그걸 봤어요. 대단한 인물인 줄 알았더니 형편없는 소리를 하는 게 하 우스워서 '너 혼자 잘살아라.'라고 댓글을 달았어요.

기찬 순정 씨, 한방 세게 날렸네요.

희경 남의 삶을 송두리째 파괴한 사람이 나 죄 안 지었다, 잘못 없다 박박 우기면 없던 일이 된다는 게 너무 이상하지 않아요? 진짜 인간이면 그래서는 안 되는데.

기찬 저는 출세를 위해 온갖 짓을 다하면서 남한테는 가붕피(가재, 붕어, 피라미)로 살라는 족속이 한두 마리가 아니에요.

희경 당장 우리 앞에 성까지 귀룡으로 바꾸고 개천에 용이 되려는 사람이 있어요.

기찬 자기는 저택에 별장에 백구야 하고 살면서 어떻게 작은 집 한 채 지니고 사는 사람을 흙바닥으로 나앉게 한 책임을 외면한단 말인지.

달건 정보가 어둡군. 다른 세 집은 보상을 받아 이사를 가게 되었다든데.

희경 언제요?

달건 순순히 받겠다고 했으면 될 것을 비위를 건드려서 못 받게 된 게 누구라더라?

기찬 그게 정말입니까?

한욱 인심 얻어 놓을 좋은 기회를 놓칠 근조가 아니지.

기찬 그럼 정 선생님만 보상을 못 받았단 말입니까?

달건 바보짓 하는 사람은 따로 있다니까.

희경 그 이유가 뭐랍니까?

달건 근조를 모욕했다면서?

희경 아닌데요.

달건 무슨 고발을 했다던데.

희경 고발이 아니라 문자와 편지를 보냈는데 아무 답이 없었어요.

달건 가만히 있지 뭐하러 난 체를 해?

희경 아무리 돈으로 탑을 쌓아도 남의 눈에 눈물을 흘리게 하면 탑은 무너지게 되어 있어요. 젊어서 온갖 부와 명예와 권세를 누리던 사람도 늙어서 제 몸 제가 일어서서 앉지도 걷지도 못하는 병에 걸려 신음할 수도 있구요.

달건 부자가 병원을 통째 사서 치료하면 되지, 설마 잘나가는 근조가 그리 되라고 비는 건 아니겠지?

희경 그가 그렇게 되길 바라는 게 아니라 마음을 돌려 있는 사람이면 있는 사람답게 살라는 거죠.

한욱 바랄 걸 바라세요.

희경 그 사람은 아마 자기네 공장 못 돌리게 된 것만 손해가 얼마냐고 계산기 굴리고 있을 거예요. 허름한 집 몇 채 없어진 건 아무것도 아닌 일로 제쳐놓고.

달건 동네에 빈 집이 몇 채 있으니 거기 들어가 살라고 의견을 내놓은 것도 근조였지.

기찬 빈 집도 다 임자가 있어서 아무나 들어가 살 수 있는 게 아닙니다. 저희가 도시에서 하도 이사를 여러 번 다녀서 정착해 살 곳을 물색하다 이곳 곡천으로 온 건데 금방 들어가 살 집은 없었습니다. 그러고 보면 정 선생님이 그 폐가를 사람 살 집으로 꾸미고 사신 게 우리 동네에 생기를 더한 거라고 할 수 있습니다.

달건 이력이 났으니 다른 빈 집 하나 골라 고쳐서 살면 되겠네.

희경 두 번 다시 하고 싶지 않은 일이에요.

순정 우리 어머님이 다 쓰러져 가는 집 고쳐서 사는 일은 여자 혼자 하기엔 너무 힘든 일이라 안 된다고 하셨어요.

희경 집을 세우기도 어렵지만 또 어떤 마(魔)의 손길이 와 쓸어버릴지 모르니 다신, 다시는 안 할래요. 무서워요. 마의 손길이.

기찬 그러면 정 선생님이 하고 싶은 일이 무언지 얘기해 보세요. 혹시 우리가 도울 일이 있을지 모르니까요.

희경 우리 곡천 마을 전체를 '영원의 정원'으로 조성해서 관광객을 유치하는 거예요.

기찬 마을 전체를요?

희경 요즘 전국 각지에서 마을 연극이 활성화되고 있답니다. 관광객들이 모여 오면 '제 머리 마빡 치기'를 연극으로 보여 주는 거예요.

기찬 (크게 반기며) 대찬성입니다. 저희 공동체가 꿈꾸는 것도 우리의 이야기를 담은 문화 상품을 만드는 겁니다.

희경 우리가 살아가면서 제 머리를 탁! 치고 싶은 때가 있지요? 또 남의 이마를 탁! 쳐 주고 싶은 때도 있구요. 제 머리 마빡 운동으로 한 사람이라도 착하고 아름다운 사람이 되게 돕는다는 생각만 해도 세상에 태어난 보람이 있을 것 같아요.

기찬 (감격하여) 너무 멋진 콘텐츠의 탄생이 우리 눈앞에 펼쳐지는 걸 보게 된 기쁨! 아, 세상을 다 얻는 것 같습니다. ('사랑나무' 표지석 앞으로 가 서며) 여기 있는 우리 곡천 마을의 자랑 '사랑나무' 전설을 더하면 어떨까요?

희경 금상첨화죠. 당장 레퍼토리가 두 개가 되는 거잖아요. 날마다 우리 곡천 마을 극장에서 전 국민을 향해 사랑과 용기를 전하는 축복된 나날을 여는 길잡이가 된다면……

기찬 너도나도 사는 것 같이 사는 사람으로 성장하는 겁니다.

희경 내 거처는 갈매댁 건넌방으로 옮기겠습니다. 우선 우리 마을 '영원의 정원' 조성에 전력을 기울여야 하니까요. 내가 순정 씨에게 조그만 도움이라도 된 것이 큰 힘이 돼 기쁘네요.

기찬 다음 반상회에서 이 안건을 이야기하고 각자의 집 안팎을 아름답게 가꾸고 꾸미는 일에 기꺼이 참여하도록 하겠습니다. 공휴지는 작은 공원으로 만들고, 가로수도 이팝나무로 바꾸구요.

희경 역시 젊은 분이라 이해가 빠르시군요. 감사합니다. 사방 널린 게 나무고 풀인데 무슨 정원 가꾸기냐고 반대하실 줄 알았어요.

기찬 우리에게도 변화가 필요한 시점이거든요. 인구 소멸이 코앞에 닥쳐와 우리 동네도 그 대상 중 하나가 되고 있습니다. 고려시대에 시작되었다는 긍지를 가진 마을이 지상에서 소멸된다고 생각하면 잠이 안 옵니다. 아기 울음소리가 끊긴 지도 오래고요.

희경 기계 문명이 발달할수록 더 발전시켜야 하는 것이 문화입니다. 먹고 사는 문제 못지않게 중요한 게 예술을 향유(享有)하는 삶입니다.

기찬 문화에 목말라 하면서도 서툰 농사꾼 신세를 면해 보려고 작물만 들여다보고 사노라 잊고 살았네요.

희경 문화 갈증, 그게 얼마나 참기 힘든 건지 내가 누구보다 잘 알아요. 책 한 권 안 읽고, 연극 한 편 안 보고, 그림 한 점 감상하지 않고 사는 삶은 무미한 사막이지요.

기찬 TV 보는 게 유일한 문화생활인 사람들이 쉽게 호응할지 모르겠습니다.

희경 좋아서 참여하는 데 의의가 있고 같이 하나의 생산적인 문화 활동을 해내는 데 보람이 있는 거니까요. 저마다 하나씩은 잘하는 게 있지 않겠어요? 재능 기부를 하는 겁니다.

순정 저는 뜨개질 선수니까 뜨개질로 뭐든지 할게요.

기찬 누가 뭘 잘하는지를 알아서 적재적소에 배치하는 일이나 물질적인 협조를 이끌어 내는 일, 진행 상황을 체크해서 효율적으로 일을 하게 조율하는 일 등 일머리를 아는 사람이 있어야겠는데……

희경 그건 이장님이 하시고 부녀회장님이랑 내가 좀 거들면 되죠.

기찬 연극이 뭔지도 모르는 사람들이라.

희경 제 머리 마빡이 있잖아요.

기찬 그거라면 자신 있지요.

한욱 누구를 첫 번째 타자로 세우지?

희경 당연히 첫 번째 인물은 귀룡근조 사장이죠.

기찬 콧방귀를 뀔 걸요.

희경 나는 근조 사장이 멸시하면서 하는 금전적 보상을 받길 원치 않아요.

한욱 그럼 원하는 게 뭐죠?

희경 돈 없는 사람도 똑같은 사람이라고 존중하는 겸손한 영혼을 보여 주는 거요.

달건 준다고도 하지 않는데 안 받는다면 부자라는 얘긴가? 부자가 뭐하러 옹색하게 텐트 치고 청승을 떨었나?

순정 무슨 억하심정으로 정 선생님 일이라면 눈에 쌍심지를 켜고 흉을 보나 모르겠네.

달건 지가 뭐나 되는 듯이 설치는 게 눈꼴사나워서 그런다 왜?

희경 (짐짓 눙치며) 근조 다음으로 제 머리 마빡 칠 인사로 초라니 선생을 추천하고 싶은데 동의하시겠습니까?

달건 (펄쩍 뛴다) 내가 왜 근본도 모르는 여자 장단에 놀아나?

순정 부모한테 물려받은 동생의 전답을 동생 몰래 자기 명의로 돌려놓아 몽땅 빼앗아 땅 부자 된 거로 말하면 놀부 저리 가라 아니겠어요?

달건 (벌컥 화를 내며) 내 땅 부쳐 먹는 거 당장 내놔.

순정 동생이 착하니 망정이지 누구마냥 악한 사람이면 가만히 안 있을 거라던데요.

달건 힘 있는 사람이 승자(勝者)야. 내 덕에 밥 먹구 살면서 겁도 없이.

순정 착하게 산 끝은 있어서 우리 신랑이 취직이 돼 이제 우린 걱정 없이 살게 됐답니다. 남의 땅 안 부쳐도 된다구요. 아이, 좋아라.

달건 두고 보자고. 내 심기를 거스른 대가를 톡톡히 치르게 해줄 테니까. (희경을 노려보며) 이게 다 어디서 굴러먹다 온지 모르는 여자가 허파에 바람을 넣어준 때문이야.

희경 보아하니 동색(同色)인데 귀룡근조 사장이랑 동행해 줄 수 있을까요?

달건 안 온다니까. 사업가에게는 시간이 돈인데 여길 뭐 먹겠다고 와?

희경 자기 영혼이 달린 문젠데 안 온다구요?

달건 지체가 다른 인물인 줄 몰라서 이런다면 내가 알려주지. 그는 머지않아 국회의원, 장관까지 될 인물이라구.

희경 지금은 남의 오장육부를 문드러지게 멸시하는 인물일 뿐입니다.

달건 재복을 어마어마하게 타고난 인물이 부러우면 납작 엎드려. 적선 좀 하라구.

희경 내 눈엔 그에게 적선할 재물은 없어 보여요. 그러니까 그를 꼭 이 자리에 세워야 한다구요.

달건 안 와, 안 온다구. 에잇, 장마가 저런 것들 싹 쓸어버리지 않구. (퇴장)

희경 (웃으며) 홍수에 집과 함께 가족까지 잃은 분들을 생각하면…… 마침 서울에 볼 일이 있어 나갔던 덕에 살게 된 걸 무한 감사합니다. 보잘것없는 사람이지만 무언가에 쓰일 데가 있어 살아남은 것 같습니다.

기찬 근조 사장은 포기하는 것이 어떨는지요?

희경 곡천 마을극장에 와서 '제 머리 마빡'에 참여하라는 초대장을 손편지로 써서 보낼 거예요.

한욱 초대장 같은 거 그 손에 들어가지도 않아요. 밑에 사람들이 알아서 쓰레기통에 버리지.

희경 쓰레기통에 버리면 공장 열 개를 잃는 것보다 큰 손해를 볼지도 모르는데요.

한욱 양심에 그른 일 하나 저지르는 게 그렇게나 큰 잘못입니까?

희경 그걸 헤아릴 수 있는 분은 하느님뿐입니다.

한욱 하느님이라면 성당? 성당 여기서 굉장히 먼데.

희경 멀다고 못 다니면 신자가 아니죠. 박해시대에는 70리를 걸어서 다녔어요.

한욱 아, 그래요?

희경 지금 우리의 그물에 걸린 고기가 어마어마하게 크다는 사실을 잊으면 안 되죠.

기찬 걸려들까요?

희경 희망을 가져야죠.

한욱 스스로를 귀한 용이라 칭하는 사람이니 안 올 겁니다.

희경 '제 머리 마빡'을 치는 순간은 양심을 다잡는 결단의 순간입니다. 하느님이 정신 차리라고 말씀하시는 소리를 듣고 겸손하게 자기를 반성하고 돌아보는 새 사람으로 태어나게 하는 결단의 순간이에요. 그 기준은 양심에 따라 살았느냐, 아니면 한 눈 질끈 감고 양심에 어긋나는 행위를 했느냐가 되겠지요.

기찬 그 순간이라는 걸 포착하는 계기를 잡는 게 쉽지 않을 수도 있고 사람에 따라서는 거부하는 경우도 생길 겁니다.

희경 구체적인 방법도 찾아 봐야지요. 무조건 제 머리를 치라고 하면 아마 싫다고 할 사람이 많을 거예요.

기찬 양심을 거스르는 행위라는 것을 스스로 인정하기 싫을 겁니다. 옳다고 고집하고 밀어붙이는 게 선은 선을 향해서, 악은 악을 향해서 치닫는 관성의 법칙이니까.

희경 그러면 큰 손해를 자초(自招)하는 거죠. 죄를 덮어 놓고 살다가 죽으면 연옥(煉獄)에서 오래 고생할 수가 있구요. 악에서 헤어나지 못하는 부자보다 선에 항구한 가난한 사람이 하느님 보시기에 좋은 사람이에요.

기찬 이젠 농사만 짓는 게 아니라 노래도 부르고 춤도 추고 연극도 한다고 생각하니 너무 좋은데요. 우리 화훼하우스에 맞춤한 공간이 있으니 그걸 무대로 쓰면 될 것 같아요.

희경 무대가 갖춰진 셈이니 금방이라도 할 수 있겠네요.

기찬 '영원의 정원' 만들기와 제 머리 마빡 치기 공연을 제대로 해내면 우리 마을은 제법 멋진 문화마을로 바뀌게 되겠지요?

희경 내 꿈은 한 개가 더 있어요. '영원의 정원'이 다 되면 외로운 사람,

괴로운 사람, 슬픈 사람들이 와서 마음을 다스리는 '마음키움집'을 만드는 거예요.

기찬 꿈이 너무 커서 뻥 터지는 건 아니겠지요?

희경 꿈은 꾸라고 있는 건데 우주를 못 품나요? 저 태평양을 못 품나요?

기찬 우리의 식어가던 꿈을 되살리게 해 준 정 선생님, 앞으로 마을상조회에서 할 수 있는 일이면 뭐든지 요구하세요. 힘을 보태겠습니다.

희경 나 조금 부끄러운 사람이거든요. 나도 제 머리 마빡을 해보고 싶어요. 나 정희경은 내 삶에 대한 긍지를 갖지 못하고 자신을 아무것도 아니라고 생각하는 고질병이 있어요. (크게 머리를 탁 탁 치며) 정희경, 제 머리 마빡, 쳐라 쳐!

모두 함께 쳐라! 쳐!

희경 (제 머리 마빡을 세게 치며) 세상에 나만 못한 사람은 하나도 없다고 제법 이름 있는 정원 디자이너인 자신을 비하(卑下)하는 버릇이 있는데 그건 겸손이 아니고 자기 경멸이기 때문에 나는 불행합니다.

기찬 정 선생님 같은 분이 불행해선 안 되지요. 우리가 그 불행 말끔히 털어버리게 해드리겠습니다. 이웃이니까요.

희경 나를 격려해 주는 깨끗한 영혼의 소유자를 만나다니, 이렇게 좋을 수가! 모든 것을 잃은 나에게 다시 일어설 수 있게 자비를 베풀어 주셔서 감사합니다. 하느님 아버지! (감격의 눈물을 흘린다)

순정 선생님. 저의 집으로 같이 가세요. 짐은 다 옮겨 놨어요. 몸만 가시면 돼요.

희경 (순정의 손을 꽉 잡으며) 우리 희망 1호 순정 씨, 고마워요. 먼저 갑니다. (마을을 향하여) 우리 곡천 마을 형제자매님들! 우리 모두 멋진 문화마을 만드는 데 손에 손을 잡아 주실 거죠?

–막

지은이 약력

이일훈(李日勳, 아녜스)

충북 청주 출생.

청주사범학교, 경희대 국문과와 동대학원을 졸업하고 교사, 잡지 기자, 출판사 편집자를 지냈다. 현재 한국문인협회 회원.

1964년 드라마센터 극작워크숍 1기
1966년 〈演劇〉지에 〈우아한 글라디올러스〉 게재
1967년 경희문학상 수상
2006년 서강대 평생교육원 서구의 그리스도교 문화 과정 수강
　　　 聖事劇 〈목동들의 경배〉 출연
2015년 〈月刊文學〉 신인작품상 희곡 부문 〈금상(金像)을 만들라고?〉 당선

이일훈 희곡집

삶을 춤춰라

초판 1쇄 인쇄 2024년 9월 25일
초판 1쇄 발행 2024년 10월 2일

지은이 이일훈
펴낸이 박성복
펴낸곳 도서출판 연극과인간
주소 01047 서울특별시 강북구 노해로25길 61
등록 2000년 2월 7일 제6-0480호
전화 (02) 912-5000
팩스 (02) 900-5036
홈페이지 www.worin.net
전자우편 worinnet@hanmail.net

ISBN 978-89-5786-953-6 03810

값은 뒤표지에 있습니다.